V&R

Dienst am Wort

Die Reihe für Gottesdienst und Gemeindearbeit

142

Vandenhoeck & Ruprecht

Fastenandachten

Max Koranyi

Vandenhoeck & Ruprecht

Ich widme dieses Buch Astrid Kollenberg,
die nicht nur während der gemeindlichen Fastenwochen
für gelungene Dekoration und ein Ambiente sorgt,
das Herz, Seele und Gemüt erfrischt.

Umschlagabbildung:
Mai 2010, © Josef Roßmaier

Bibliografische Information der Deutschen Nationalbibliothek

Die Deutsche Nationalbibliothek verzeichnet diese Publikation in der Deutschen Nationalbibliografie; detaillierte bibliografische Daten sind im Internet über http://dnb.d-nb.de abrufbar.

ISBN 978-3-525-63036-5
ISBN 978-3-647-63036-6 (E-Book)

Printed in Germany.
Satz: weckner media+print GmbH, Göttingen
Druck und Bindung: ⊕ Hubert & Co, Göttingen

Gedruckt auf alterungsbeständigem Papier.

Inhalt

1 Radioansprache zum „Fasten“

„Dass man einfach mal lernt, enthaltsam zu sein und auf etwas verzichten zu können. Deshalb besuche ich jedes Jahr die Fastenwoche. Dabei merke ich, wie erstaunlich es ist, einmal Dinge wegzulassen, die ich eigentlich gar nicht brauche. Und wie schön es nachher ist, das Wenige, das man dann wieder zu sich nimmt, wirklich genießen zu können.“

Verena Rösser hat eine gute Erfahrung gemacht. Eine Fastenerfahrung. Sie hatte sich von ihrer Kirchengemeinde zu einem Heilfasten animieren und einladen lassen. Ich selbst war zunächst durchaus skeptisch. Dass Fasten nämlich gut sein soll – ich konnte es mir ganz einfach nicht vorstellen. Ich bin eher der Typ. Der sich am besten mit Freunden unterhalten kann, wenn ich in einem sommerlichen Garten mit Ihnen an einem gut gedeckten Tisch sitze. Dann sprühen die Gedanken – entlang glitzernder Weingläser. Und jeder genussvolle Bissen fördert Lebensweisheit und Gotteserkenntnis. Nun gut, vielleicht nicht immer, aber oft genug. Das jedenfalls war meine Erfahrung, meine hundertprozentig feste Überzeugung. Bis auch ich mich zu einer Fastenwoche entschloss, wie Frau Rösser.

Was für Erfahrungen ich dabei gemacht habe? Nun, der Reihe nach: Jörg Pieper war neu in unsere Kirchengemeinde gekommen. Er ist Arzt, naturkundlich orientiert, und sprach mich an, um gemeinsam mit mir zu überlegen, was er persönlich an Angeboten in das Gemeindeleben einbringen könnte. Bald schon präsentierte er mir seinen Vorschlag eines einwöchigen Heilfastens. Damit habe er schon in anderen Gruppen Erfahrung gemacht: Und die Leute, die sich darauf eingelassen hatten, waren davon immer begeistert gewesen. Sie können sich unschwer vorstellen, wie wenig mich dieser Vorschlag zunächst verlockte. Vielleicht bin ich sogar ein bisschen blass geworden, denn als ich das Wort „Fasten“ hörte, spulte sich fast automatisch ein Film in meinem Kopf ab.

Bilder sah ich vor mir, Bilder von lustlosen, ausgemergelten Gestalten, die aussahen, als müssten sie ganz allein alles Leid der Welt auf ihren dünnen Schultern tragen. Eine Woche fasten – und dabei sollte ich freiwillig mitmachen? Dr. Pieper musste ganze Überzeugungsarbeit an mir leisten: „Ich denke, der Hauptaspekt ist die gesundheitliche Vorsorge, also körperliche, aber auch und seelische Entgiftung, um so auch einen höheren Bewusstseinsstand zu bekommen. Dabei werden alle Sinne geschärft, d.h. der Geschmack wird verstärkt, man sieht und hört intensiver. Und schließlich kann man die Natur einfach viel besser sehen, kennen lernen, erfahren. Insofern sollte wirklich nicht nur die Gewichtsabnahme im Vordergrund stehen. Bei den meisten Heilfastenden steht deshalb tatsächlich die geistige Erneuerung im Mittelpunkt, die Erfahrung insgesamt sensibler zu werden."

Ich hatte zugehört: Fasten soll mich also geistig erneuern und empfindsamer machen – das jedenfalls versprach mir „ungläubigem Thomas" Jörg Pieper, unser neues Gemeindemitglied. Aber so schnell konnte er mich nicht überzeugen. Meine eingewurzelte Denkweise, meine Vorurteile setzten sich zur Wehr: Fasten – das ist doch katholisch! In bin in einer katholischen Umgebung groß geworden und muss das schließlich wissen. Von „denen" hat man sich als Protestant ganz bewusst abgegrenzt und sich im Stillen seinen kritischen Teil gedacht. Wir Evangelischen hatten eher ein gutes und fröhliches Gewissen, gerade nicht zu bestimmten Zeiten bestimmte Speisen zu verschmähen oder gar für ein, zwei Tage gänzlich auf feste Speise zu verzichten. Das war gesetzlich. Und das wollte Luther nicht!

Und als guter Protestant glaubte man ja fest, nur seine Bibel an den richtigen Stellen aufschlagen zu müssen, um zu erkennen, was von dieser ganzen „Fasterei" zu halten sei. Sinnenfrohe alttestamentliche Geschichten mussten z.B. zu unserer Rechtfertigung herhalten. Wird uns dort nicht mehr als einmal gezeigt, wie Genuss und gesellige Gemeinschaft erst dadurch entstehen konnten, dass aus der Herde das zarteste Kalb geschlachtet und Brot aus feinstem Mehl gebacken wurde? (Genesis 18) Und fast schon hämisch wähnten wir Jesu selbst auf unserer Seite: Wird er nicht von seinen Gegnern und miesepetrigen Zeitgenossen als „Fresser und Weinsäufer" (Matthäus 11,19) tituliert?

Und nun will mir einer weismachen, dass ausgerechnet Fasten meine Lebensqualität steigern würde? Nun, es verbot ja schon der pure Anstand, Dr. Pieper einfach so abblitzen zu lassen. Und ehrlicherweise war ich auch über meine antikatholischen Vorurteile mit den Jahren hinausgewachsen – zumindest theoretisch. Denn eine vertiefte Einsicht in unsere Bibel hatte mich nun doch gelehrt, dass sie selbst von der Fruchtbarkeit, manchmal geradezu von der Unerlässlichkeit des Fastens für Menschen berichtet. Genauer: Für Menschen, die sich auf eine besondere Aufgabe vorbereiten oder sogar auf eine Begegnung mit Gott. Von der großen Mystikerin Theresa von Avila gibt es dazu das Wort: „Wenn Rebhuhn, dann Rebhuhn; wenn Buße, dann Buße" – Also, alles zu seiner Zeit. Schlemmen zu seiner Zeit und Fasten zu seiner Zeit. Und nur beides zusammen macht das ganze Leben aus. Ein Punkt für Dr. Pieper!

Fastete nicht z.B. der Prophet Elia vierzig Tage, bevor der im Flüstern eines Windhauches Gottes Anrede vernehmen konnte? (1. Kön 19) Wie war das noch gewesen: Fasten macht sensibel …? Und Jesus selber ging vierzig Tage in die Wüste, nachdem er Gottes Geist in sich gespürt hatte, um sich erst danach ganz in den Dienst der Frohen Botschaft stellen zu können? (Matthäus 4,2) Fasten war also schon immer ein Abschnitt, ein Schritt auf der Suche nach einer neuen Lebensmitte. Und es hat tatsächlich dann auch mir gut getan, nachdem ich mich mit vielen anderen aus unserer Gemeinde zusammen dazu durchgerungen hatte.

Die Künstlerin Juliane Hunecke stellte dabei in einem Gespräch ihre geistlichen Erfahrungen in den Vordergrund: „Ich möchte beim Fasten mein Bewusstsein den spirituellen Dingen gegenüber schärfen; dabei mich selber neu spüren, vor allem aber für meine Beziehung zu Gott und den göttlichen Fügungen offener werden. Ich denke, Fasten ist eine äußere wie innere Reinigung, ein tieferes Eindringen in die Seele und damit in eine andere Welt und eine andere Dimension."

Als wir uns in der Gemeinde mit Dr. Pieper zu einem ersten Informationsabend trafen, war ich überrascht, wie viele gekommen waren. Darunter auch manche, die sich in der Kirche eher selten sehen ließen. Aber alles andere als geduckte, traurige Zeitgenossen. Viele von ihnen hatten schon früher Erfahrungen mit dem Heilfasten gemacht. Ihnen war bei der Vorstellung vor allem wichtig, das Gemeinschaftserlebnis hervorzuheben, das sich beim gemeinsamen Fasten einstellt. „Ich öffne mich während der Zeit für andere und hoffe, dass auch die anderen mich neu wahrnehmen", sagte Marga Bokemeyer dazu.

Dieser Aspekt war auch für den Arzt von Anbeginn an wichtig gewesen. Er wusste: Fasten alleine durchzuhalten, ist schwierig; vor allem, wenn man es zum ersten Mal versucht. Oder die eigene häusliche Umgebung einen nicht dabei unterstützt. Mit den Anschluss aber an eine Gruppe entsteht zunächst so etwas wie ein „sanfter Zwang“; aber der kann sich in Spaß verwandeln, wenn man tagsüber weiß: Ich bin nicht allein. Das machen jetzt viele mit mir mit. Und wenn man sich dann abends während der Fastenwoche regelmäßig trifft, dann wollen und können ale erzählen, wie es ihnen am Tag ergangen ist. „Es entsteht“, so Dr. Pieper, „ in dieser Zeit eine tiefe Gemeinschaft; und ich kenne viele, die auch nach der Fastenzeit noch regen Kontakt zueinander gehalten haben. Birgit Zierenberg, eine Teilnehmerin, konnte dies nur bestätigen: „Ich glaube, ich hätte diese Woche ohne die Gemeinschaft nicht durchgehalten. Mir hilft es unwahrscheinlich, wenn ich morgens doch noch Hungergefühle habe, durchzuhalten und daran zu denken, dass wir uns am Abend treffen und austauschen werden. Und das finde ich unheimlich schön.“

Auch ich habe durch das Fasten meine Umgebung, die Natur und insbesondere mich selbst neu wahrgenommen. Ich habe mit Saft und Suppe neue Lebensenergie getankt. Ich bin durch zeitweiligen Verzicht reicher geworden, wie Verena Rösser: „Beim Fasten empfinde ich geradezu einen Energieschub. Ich merke Schritt für Schritt, wie mein Kopf klarer wird und ich dadurch meiner Umwelt wesentlich empfindsamer und wacher begegne. Gedanken lassen sich besser formulieren und Probleme gezielter anpacken. Ich sage immer: Fasten ist eine Wiedergeburt für Körper, Geist und Seele.“

Wie schön so eine wachsende Gemeinschaft mit anderen Menschen ist – das habe auch ich durch das Fasten neu entdeckt und erfahren. Weil wir einander brauchten, wirklich brauchten, um das Fasten durchzuhalten, sind wir einander näher gekommen und offener füreinander geworden. Ich habe in mir selbst, aber auch bei anderen, die ich doch nur allzu gut zu kennen meinte, neue Seiten entdeckt. Ich bin freier geworden für das, was mir das Leben durch die Natur, durch andere Menschen mitteilen will. Wie neu – oder wie wiedergeboren habe ich mich in der Tat gefühlt. Und in und mit all dem glaube ich, auch Gott näher gewesen zu sein.

Viele Menschen in den reichen Ländern werden krank an Körper und Seele, weil sie buchstäblich zu viel zu sich nehmen an Essen und Trinken. Oder – im übertragenen Sinne – mit ihrem unstillbaren Erlebnishunger nicht zurecht kommen. Bewusstes Fasten kann helfen, unsere krankmachenden Gewohnheiten aufzubrechen, einmal innezuhalten – und so ein anderer, eine andere zu werden. Von Mahatma Ghandi erzählt man sich, dass er vor den entscheidenden Aktionen gegen die englische Besatzung im indischen Aufstand immer fastete. Das schenkte ihm Kraft und Gelassenheit, sich auf das Wesentliche zu konzentrieren.

Alles hat seine Zeit: Fasten und mit raffinierten Genüssen feiern, gediegen essen und trinken. Das Leben braucht Rhythmen – auch in dieser Hinsicht. Abwechslung bringt Freude. Deshalb will ich auch gar nicht bestreiten, wie köstlich der erste Apfel beim Fastenbrechen geschmeckt hat. Und wie große Freude das erste größere Menu im sommerlichen Garten bei funkelndem Wein gemacht hat. Die Intensität aber all dieser Genüsse verdanke ich der Fastenwoche zuvor.

2 Biblische Texte zum Fasten

Jesaja 58,6

LIED EG 420,1–3, Brich mit dem Hungrigen dein Brot
GEBET EG 780, S. 1204, Ausgabe für die Ev. Kirche im Rheinland etc.
LIED 420,4+5

ANDACHT

Liebe Mitfastende!
Fasten ist nicht nur ein körperliches Erlebnis. Es beschäftigt alle Sinne, auch den Geist und das Gemüt. Und deshalb ist es, so denke ich, recht gut, vor unserer gemeinsam eingenommenen Fastenbrühe auch biblische Gedanken zu dieser besonderen Zeit in unserem Leben anzusprechen. Heute Abend will ich unserem Nachdenken einen Vers aus dem Propheten Jesaja zugrunde legen:

„Das aber ist ein Fasten, an dem ich Gefallen habe: Lass los, die du mit Unrecht gebunden hast, lass ledig, auf die du das Joch gelegt hast! Gib frei, die du bedrückst, reiß jedes Joch weg." (Jes 58,6)

Ich will diese Worte einmal ganz neu hören und zum Klingen bringen. Und deshalb möchte ich mich zunächst angesprochen fühlen und also mich selber als einen sehe, den ich bedrücke. Ich glaube, jeden Tag tue ich genau dies ein paar Mal. Z.B. wenn ich stundenlang, manchmal sogar noch nachts darüber nachdenke, ob ich auch vollkommen und perfekt für die Tagesaufgaben vorbereitet bin. Oder auch dann, wenn ich selbst in Tagen von Ausgelaugtsein und Müdigkeit Spitzenleistungen von mir erwarte. Oder ich lege mir ein selbstgewähltes Joch auf die Schultern – Aussehen, Meinungen, Verhalten –, in der irrigen Annahme, die Menschen würden mich nur so akzeptieren und hätten mich auch nur so lieb. Oder ich unterwerfe mich Essensplänen – von der Werbung verführt –, die ich so eigentlich gar nicht will und umsetzen kann.

Oder ich übernehme kritiklos Urlaubsüberlegungen, die mir andere einreden, aber die letztlich zu mir überhaupt nicht passen.

Was wäre das für eine Fastenwoche, in der ich merke: Ich kann mich von mancherlei Bedrückungen, die ich mir selber auferlegt habe, genau so gut auch wieder befreien. Nicht nur von unkontrolliertem Essen. Auch von mörderischen Selbstentwürfen, undurchdachten Bildern und Plänen voll Perfektionismus. Wenn dieses Loslassen meiner selbst tatsächlich hier und da gelingt, dann wird fast automatisch daraus auch folgen, dass ich auch aufhöre, Menschen um mich herum über Gebühr zu belasten, zu beladen, zu bedrücken. Meine Kinder, von denen ich fertige Glanzbilder entwerfe; meine Mitarbeiter, die ich auf bestimmte Fähigkeiten festlege, meine Zuhörer, die ich manchmal mit meiner Meinung festlegen will. An solcherart Fasten hat Gott nicht nur in dieser Woche gefallen. Auch später noch. Ein Leben lang.

Matthäus 4,4

Lied	EG (Ausgabe für die Ev. Kirche im Rheinland etc.) 663,1: Herr, deine Liebe ist wie Gras und Ufer
Gebet	EG 881, S.1404
Lied	663,4

Andacht

„Der Mensch lebt nicht vom Brot allein, sondern von einem jeden Wort, das aus dem Mund Gottes geht.“

Vielleicht verspüren wir zunächst einmal Widerstände gegen diesen Satz, den Jesus selber im Gespräch mit dem Teufel aus dem 5. Buch Mose zitiert. Wäre es umgekehrt nicht viel besser – bevor überhaupt irgendwelche frommen Worte angesagt sind –, wäre es nicht die erste, die aller erste Aufgabe, Menschen mit Brot und damit mit Leben zu versorgen? Das ist der augenfällige Sinn der in fast allen größeren Städten inzwischen eingerichteten „Tafeln“: Hungrige Menschen mit dem Lebensnotwendigstem zu versorgen. Im Herzen Schwarzafrikas wird es den UNO-Mitarbeitern immer als erstes aus den Händen gerissen. Und so wird man wohl umgekehrt auch einmal fragen dürfen, ob das nicht ein enormer Luxus unserer

Wohlstandsgesellschaft, gerade in unserem Stadtteil, ist, dass wir uns während einer freiwillig gewählten Fastenwoche zusätzlich auch noch Gedanken über die Seele machen dürfen?

Ich will auf diese Anfragen, die im übrigen auch immer wieder meine eigenen sind, versuchen zu reagieren: Könnte es nicht sein, dass viele, sehr viele Menschen auf der Welt gerade deshalb nicht satt werden, weil die meisten von uns im Alltag der Überzeugung sind: Mein Leben besteht aus Brot, und zwar nur aus Brot, und zwar nur aus Brot am besten für mich allein? Könnte nicht genau diese Haltung mit daran schuld sein, dass einige auf der Welt sehr viel und viele sehr wenig haben? Und könnte es dann nicht ausgesprochen hilfreich sein, als ersten Schritt aus unserer „Brot-Hortung" innezuhalten – und aufmerksam auf das Wort Gottes zu hören? Ein Wort im übrigen, das – ausgedrückt in zahlreichen phantasievollen Wörtern – wert darauf legt, Speise und Lebensversorgung für alle Welt anzusagen?

Ich glaube, diese Erfahrung gemacht zu haben: Erst wenn ich mir den großen göttlichen Rahmen meines Lebens als Geschenk, als tägliche Nahrung, als nächtlichen Trost bewusst gemacht habe, erst dann muss ich mich nicht mehr an mein „Brot" klammern. Das heilende Gotteswort macht frei von aller Angst und Gier und öffnet meine Hände zum Verschenken. Essen wartet auf Verteilung – durch mich.

Durch das Zitat des Satzes aus dem 5.Buch Mose verweist Jesus überdies darauf hin, dass schon das von Gott zugesagte Manna in der Wüste ein Zeichen dafür war, dass Gottes Vorsorge immer weiter denkt als das eigene kurzfristige Horten. Diese himmlische Versorgung weist schon voraus auf die wunderbare Brotvermehrung (Matthäus 14) und das Versprechen des Bergpredigers: „Selig seid ihr, die ihr jetzt hungert, denn ihr sollt satt werden." (Lk 6,21)

Psalm 109,24

LIED EG 171,1: Bewahre uns Gott, behüte uns Gott
GEBET EG 892, Ausgabe für die Ev. Kirche im Rheinland etc.
LIED EG 171,4

„Meine Knie sind schwach vom Fasten, und mein Leib ist mager und hat kein Fett.“

Meine Knie sind in dieser Woche auch ab und an schwach. Ich merke, dass ich manche Schritte, die ich sonst wie selbstverständlich setze und gehe, jetzt vorsichtiger und gewählter einsetze. Dabei mache ich im Moment die Erfahrung, dass ich vor allen Aktivitäten sehr genau überlege, wozu und in welche Richtung ich meine Knie benutzen will. Und damit meine ich nicht nur eine äußerliche Richtung. Ich denke auch weiter und frage mich: Wovor habe ich meine Knie nicht sonst noch auch schon gebeugt, das eigentlich unsinnig und überflüssig oder schlicht auch einfach feige gewesen ist?

In dieser Woche wollen meine Knie einmal ganz bewusst all dies nicht mit sich machen lassen. Ihr Schwachheit wird zu einer neuen Stärke, weil sie bewusst dabei aus dem Beugen, dem Trott, der Anspannung ausscheren. Vielleicht besteht ja die Möglichkeit, diese Besinnung auch nach dem Fasten zu erhalten, nämlich schwache Knie als ein gutes Warnsignal wahrzunehmen; also halt zu machen und zu überlegen, wo überall ich mich unnötigerweise übernehme und überhebe.

Mag sein, dass ich dann gerade auch die positive Erfahrung machen werde, dass schwache Knie ruhig werden und sich stabilisieren, wenn ich mich auf meine Möglichkeiten konzentriere, vor allem aber mich innerlich gestärkt fühle durch das, was mich von Gottes Seite her hochhebt und trägt.

Schließlich noch ein paar Worte zum zweiten Teil des Psalmverses: „Mein Leib ist mager und hat kein Fett“. Nun, so weit ist es natürlich nach den paar Fastentagen noch nicht; und dennoch spüre ich sehr genau, dass die Entspannung und Entgiftung meines Körpers gerade auch meiner Seele und ihren Gedanken gut tut. Befreie ich mich körperlich von Ballast, dann kann ich mich auch viel eher von Ideen frei machen, die mich in meiner Entwicklung zur Klarheit hemmen und belasten. Vielleicht geht es Ihnen ja in dieser Zeit ganz ähnlich wie mir.

Markus 14,31

LIED	EG 648,1 (Ausgabe der Ev. Kirche im Rheinland etc.) Wir haben Gottes Spuren festgestellt
GEBET	EG 898, S.1412
LIED	EG 648,3

ANDACHT
„Wachet und betet, dass ihr nicht in Versuchung fallt! Der Geist ist willig; aber das Fleisch ist schwach.“

Ich weiß, dass dieser Satz, den Jesus im Garten Gethsemane zu seinen schlafenden Jüngern gesagt haben soll, heute in unserem Alltagsgebrauch mit einem Augenzwinkern verwendet wird. Eigentlich hatte ich mir ja vorgenommen, dieses Jahr mit dem Rauchen aufzuhören, aber, nicht wahr, der gute Vorsatz war wohl da, aber das „Fleisch“, der innere Schweinehund sie waren halt doch am Ende zu schwach. Manchmal verwendet man diesen Ausspruch auch für verführerische Situationen, die sich zwischen Menschen entwickeln können. Im Innersten weiß man sehr genau, dass ein bestimmtes Verhalten verheerende Folgen haben kann, Ungutes für alle Beteiligten in Gang gesetzt wird – nur, trotzdem fällt man sich nicht selber in die Arme und erliegt: Dem schwachen Fleisch, das sich wieder einmal stärker erwies als der gutwillige Geist.

So kann es ja durchaus auch sein, dass einigen unter ihnen auch so eine Art Versuchung während unserer gemeinsamen Heilfastenwoche begegnet ist, indem man sich schließlich doch nicht vor dem Kühlschrank zurückhalten konnte und also schlicht und einfach doch dem knurrenden Magen erlag. Offensichtlich ist dies ein normales menschliches Verhalten: man nimmt sich etwas ganz bestimmtes ganz fest vor; man verspricht etwas; man will für eine wichtige Sache einstehen – aber verhält sich am Ende dann doch vollkommen anders, völlig widersprüchlich zu dem, was man ursprünglich geplant hatte.

Vielleicht kann es da ein Trost sein, dass es selbst den Jüngern Jesu nicht viel anders ergangen ist. Wachen sollten sie mit ihrem verängstigten Meister, aber dann waren doch Schlaf und Augen schwerer als gedacht. Versprochen hatten sie viel, gehalten davon wenig – und zuletzt rannten sie weg, aus Angst.

Allerdings muss unser „Geist" nicht automatisch unserem „Fleisch" so unterliegen. Es bleibt die Möglichkeit, in herausfordernden Situationen, sich innerlich durch einen anderen Geist, den Geist Gottes nämlich, stärken zu lassen. Gehalten und bestärkt durch ihn werden wir dazu befähigt, einmal getroffene wichtige Lebensentscheidungen auch unter Gefahren konsequent durchzuhalten. Es ist das Wachen und Beten, also das Wachsein und die Bitte um himmlische Unterstützung, die einen durchhalten lassen und zuletzt dorthin führen werden, wo man sein und bleiben wollte. Mit solch einer inneren Stärkung wird auch der weitere Ablauf dieser Woche getragen und bewältigt werden.

Apostelgeschichte 13,2

LIED EG 489,1 (Ausgabe der Ev. Kirche im Rheinland etc.)
Gehe ein in deinen Frieden
GEBET EG 900, S.1412
LIED EG 489,2

ANDACHT
„Als sie aber fasteten, sprach der Heilige Geist."

Hat dieser Geist auch zu Ihnen gesprochen, würde ich Sie gerne am Ende unserer gemeinsamen Woche fragen. Oder, um es vielleicht etwas näher an unserer Situation auszudrücken: Hat während der Fastenwoche etwas zu Ihnen gesprochen, das bisher vielleicht stumm geblieben ist? Haben dabei Ihre Sinne etwas anderes aufgenommen als sonst? Haben Sie vielleicht sogar sich selber als einen anderen Menschen wahrgenommen, einen Menschen mit bisher unentdeckten Fähigkeiten und Möglichkeiten?

Offensicht besteht tatsächlich die Chance, dass das Fasten Töne zum Klingen und Stimmen zum Sprechen bringen kann, die sonst schweigen. Wahrscheinlich liegt dies auch mit daran, dass wir selber uns sonst mit einer Lautstärke und Aktivitäten umgeben, die die geheimnisvolle Stimme Gottes permanent übertönen. In der Fastenwoche war dies anders. Jetzt konnten wir nicht einfach so weitermachen wie bisher. Wahrscheinlich wollten wir während dieser Tage auch gar nicht so viel hören und aufnehmen wie sonst. Schweigen lernen war stattdessen angesagt. Und wahrscheinlich besteht in solchen „Wüstenzeiten“ dann tatsächlich dann eine größere Chance, Gottes Heiligen Geist zu verspüren, wahrzunehmen, der in einem stillen Windhauch mir neue, andere Lebensmöglichkeiten aufzeigen wollte. Die ich im übrigen dann auch anderen in einem weiteren Schritt vermitteln darf.

Der Vers aus der Apostelgeschichte, den ich zu Beginn vorgelesen habe, wurde nämlich auch ursprünglich zu zwei Menschen vor einer nicht ungefährlichen Seereise zugesprochen, um anschließend anderen Menschen von ihren Glaubensschätzen etwas weiterzugeben. Und so stelle ich mir vor, dass auch Sie nach dieser Woche zu solch wichtigen Erkenntnissen über sich, über Gott und seine Welt gekommen sind, die Sie nicht nur für sich behalten, sondern anderen weitererzählen wollen. Ich wünsche Ihnen dazu eine gelingende Lebensreise. Vielleicht begegnen wir uns ja wieder einmal unterwegs und erzählen uns dann, wo überall nach dem Fasten, der Ruhe, der Kontemplation, der Geist Gottes vielfältig, farbig und belebend zu uns gesprochen hat.

3 Biblische Texte zum Essen

1. Könige 19,5f

LIED EG 432,1+2, (Ausgabe der Ev. Kirche im Rheinland etc.)
Gott gab uns Atem
GEBET EG 898, S.1312
LIED EG 432,3

ANDACHT

„Und Elia legte sich hin und schlief unter dem Wacholder. Und siehe, ein Engel rührte ihn an und sprach: Steh auf und iß! Und er sah sich um, und siehe, zu seinen Häupten lag ein geröstetes Brot und ein Krug Wasser."

Genauso, liebe Mitfastende, wird es in fünf Tagen wieder sein. Und ich möchte Ihre Vorfreude darauf heute schon erhöhen: Neben einem Krug frischen Wassers wird es liegen, das duftende, köstliche, frischgebackene Brot. Vorher, im normalen Leben, hätten wir es wohl gar nicht recht wahrgenommen. Was ist das schon, ein Stück Brot, das uns doch immer zur Verfügung steht und über das man sich gar nicht mehr freut, geschweige denn verwundert.

Oder doch? Wahrscheinlich können sich Ältere unter ihnen sehr wohl noch an Zeiten erinnern, in denen Mehl äußerst knapp war, und einzelne Brotscheiben nach Person und Gramm abgewogen und eingeteilt wurden. In solch klammen Jahren wurde die Kostbarkeit des Brotes sehr bewusst erfahren.

Aber solch wunderbaren Erlebnisse gibt es auch noch heute. Ich erinnere mich noch sehr genau an eine Bergwanderung oberhalb des Chiemsees zusammen mit unseren amerikanischen Austauschschülern, den Hochfelln hinauf. Sofort an das Frühstück anschließend ging es los. Sonst gab's unterwegs nichts. Nach einigen Stunden recht steilen Anstiegs und Kletterei empfing uns oben nicht nur ein spektakulärer Weitblick, sondern vor einer einfachen Hütte mit Holzbänken eben auch ein grob, fast schwarz gebackenes Brot –

sonst nichts. Aber selten hat mir ein Stück besser geschmeckt als an diesem Spätnachmittag oben auf dem Berg.

Ich denke, nichts anderes erfahren wir gemeinsam in diesen Tagen: Der Verzicht auf Gewohntes macht es plötzlich zu einem kostbaren Gut. Und in ein paar Tagen werden Sie auch wie Elia erleben, dass Duft und Geschmack des ersten Stückes Brot, das Sie vorsichtig, fast ehrfürchtig wieder zu sich nehmen werden, unbeschreiblich, unbezahlbar und intensiv sein wird. Dabei kommt etwas von der Heiligkeit des Essens zurück, die wir im Alltag selten genug noch wahrnehmen. Aber, glauben Sie's mir, nach diesen Fastentagen werden wir sie neu erfahren, erfrischt und entspannt wie nach einem guten Schlaf. Es wird Ihnen dann so ergehen, wie dem müden, ja lebensmüden Elia: „Er stand auf und aß und trank und ging durch die Kraft der Speise vierzig Tage und vierzig Nächte."

Jesaja 25,6

LIED EG 229,1+2 (Ausgabe der Ev. Kirche im Rheinland etc)
Kommt mit Gaben und Lobgesang
GEBET EG 917, S.1422
LIED EG 229,3

ANDACHT

„Und der Herr der Heerscharen wird auf diesem Berge allen Völkern ein fettes Mahl machen, ein Mahl von reinem Wein, von Fett, von Mark, von Wein, darin keine Hefe ist."

Liebe Mitfastende!
Es gibt kaum etwas Schöneres, als ein gelungenes Essen in freundschaftlicher, geselliger Runde. Ich habe dann immer zauberhafte Bilder von einem wunderbaren Sommertag im Kopf. Geschickt wurden im Garten oder auf einer Wiese ein paar Tische zusammengerückt, Stühle darum gestellt und dann alles aufgetischt, was Herz, Leib und Seele erfreut. Ein guter italienischer Rotwein gehört vielleicht dazu, frisches Ciabatta-Brot, verschiedene Käsesorten, Oliven, vielleicht ein noch warmer, duftender Quiche. Für mich allein hätte ich das alles niemals so schön und liebevoll vorbereitet und so geschmackvoll gedeckt. Und ich alleine hätte wahrscheinlich

auch mehr hastig als genussvoll das Glas Wein heruntergekippt und ein Stück Käse hinuntergeschlungen.

Da ist es doch etwas ganz anderes, wenn liebe und vertraute, fröhliche, mir wertvolle Menschen um unseren Gartentisch sitzen. Da ist das Zusammensein vielleicht zunächst einmal das Allerwichtigste, Plauschen und Reden, ein Austausch über Dinge, die einen gemeinsam bewegen und beschäftigen. Und manchmal ist ein ungezwungenes fröhliches Lachen vielleicht immer noch das Beste von allem. Das Essen, ja das ist dann „nur" noch so etwas wie eine äußerliche Bestätigung für eine Zustand, in dem man sich rundrum wohl fühlt.

Genauso wird es auch sein, schreibt der Prophet Jesaja, wenn Gott einmal zu *seinem* Festschmaus einladen wird. Und diese Feier wird dann nicht nur für eine auserwählte Schar gedacht sein, sondern für alle Völker. Menschen aus allen Himmelsrichtungen versammeln sich um den gedeckten Tisch Gottes herum. Eine Erfahrung, die uns schon vielleicht während dieser gemeinsamen Woche umgibt.

Was mich aber am Fest Gottes am meisten anspricht, das ist der Überfluss, das Füllhorn, an dem nichts gespart wird: Der Wein ist nicht für 1,99 Euro, sondern ganz klar und rein, ohne Hefe, gut gelagert. Gott macht es also nicht unter einem italienischen Bardolino für mindestens 12 Euro. Und dann geht es deftig auf den Holztellern zu, niemand schaut auf seine/ihre schlanke Linie; und die markigen Speisen triefen fast von Fett und Geschmack. Nach der Fastenwoche dürfen auch Sie wieder das eine oder andere Mal ins Schlemmen geraten. Gott ist wahrlich kein Kostverächter. Er freut sich geradezu, uns bei seinem Festmahl dabei zu haben. Freuen wir uns also schon heute ruhig auf dieses himmlische, göttliche Gartenfest.

Matthäus 11,19

Lied	EG 515,1+2 (Ausgabe für die Ev. Kirche im Rheinland etc) Laudato si
Gebet	EG 920, S.1424
Lied	EG 515,3+4

„Der Menschensohn ist gekommen, isst und trinkt; so sagen sie: Siehe, was ist dieser Mensch für ein Fresser und Weinsäufer, ein Freund der Zöllner und Sünder!

Liebe Mitfastende!
Worüber ich mir schon immer Gedanken gemacht habe, ist dies: Wie soll man sich eigentlich Jesus beim Essen vorstellen? Hat er am Abend eines langen Tages immer nur ein mönchisches Wassersüppchen zu sich genommen – wie wir heute Abend? Hast er bescheiden ein Bröcklein Brot hineingetaucht? Im Höchstfall vielleicht noch ein Stückchen Fisch gegrillt? Und wollte er seiner Umgebung damit zeigen, dass er alle kulinarischen Köstlichkeiten generell verschmäht, weil er eben durch und durch vergeistigt gewesen ist? Es gibt ja tatsächlich viele Bilder und Darstellungen Jesu, die diesem Verständnis Vorschub leisten: Eigentlich erscheint er dabei immer hager bis sehr dünn. Und ich kann mich wirklich in der Kunstgeschichte an keine Szene erinnern, bei der er nicht nur Abendmahl ausgeteilt hat, sondern regelrecht aus dem Vollen schlemmte.

Dabei bin ich mir hundert Prozent sicher, dass es genau solche überbordende Festivitäten gegeben hat, in denen er mitten drin steckte. Zunächst ist doch dies auffällig: Zahlreiche Geschichten um Jesus spielen beim Essen. Leute beklagen sich geradezu, in welch minderen Gesellschaft er im Hause des Zöllners Matthäus oder Zachäus tafelt. Eine übergießt ihn mit einem kostbaren Salböl während eines Tischgelages im Hause eines Pharisäers. Und wer ist es schließlich, der am Ende bei der Hochzeit zu Kana für den allerbesten Tropfen sorgt? Eben!

Was mich aber am meisten von der Genussfähigkeit Jesu überzeugt hat, das ist ein bis heute überlieferter Vorwurf seiner Gegner an ihn. Die Evangelisten Lukas und Matthäus haben ihn mutig bewahrt: „Siehe, was ist dieser Mensch für ein Fresser und Weinsäufer!" Jesus, man muss sich das wirklich einmal auf der Zunge zergehen lassen, ein Genießer und Gourmet! Kein Bröckcheneintaucher, sondern ein fröhlicher Zecher, der sicherlich auch schon mal ein Glas Libanon-Rotwein zu viel genoss; ein Schlemmer, der sich im Hause Martha und Marias etwa Lammrücken in Salbeisoße an Weizenmousse auftischen ließ. So war er, Jesus, weil er offensichtlich ein lebensfroher Mensch gewesen ist; dankbar auch für den Reichtum kulinarischer Köstlichkeiten seiner Zeit.

In einigen Tagen können auch wir es ihm wieder nachtun und mit neuem, dankbarem Bewusstsein fröhlich genießen, was es alles an Lebensfülle zu schmecken, zu riechen und zu kosten gibt.

Exodus 16,13.15b.16a.18

LIED EG 663,1+2 (Ausgabe für die Ev. Kirche im Rheinland etc.) Herr, deine Liebe
GEBET EG 922, S.1425
LIED EG 663,3+4

ANDACHT

„Und am Abend kamen Wachteln herauf und bedeckten das Lager. Und am Morgen lag tau rings um das Lager. Mose sprach zu ihnen: Es ist das Brot, das euch der Herr zu essen gegeben hat. Das ist's aber, was der Herr geboten hat: Ein jeder sammle, soviel er zum Essen braucht. Als man's aber nachmaß, hatte der nicht darüber, der viel gesammelt hatte, und der nicht darunter, er wenig gesammelt hatte. Jeder hatte gesammelt, soviel er zum Essen brauchte.

Liebe Mitfastende!
Wieviel braucht man wirklich – zum Essen? Was benötigt man, um sich satt, gesättigt, zufrieden, befriedigt und glücklich zu fühlen? Für mich ist während der Fastenzeit gar nicht einmal das Erstaunlichste, dass ich über Tage hin mit einer wässrigen Gemüsebrühe überleben kann. Viel eindrücklicher wird mir von Mal zu Mal die Erfahrung, dass nach dem Fastenbrechen ich ein viel geringeres Maß am Nahrungsmitteln benötige als sonst. Weniges Ausgewählte macht mich absolut satt, zufrieden – und schmeckt darüber hinaus noch köstlich. Das sind dann oft solche Momente, in denen ich mir bewusst mache, was ich mir sonst noch alles an „Wachteln und Manna“ überflüssigerweise einverleibe. Essen, das mein Leib und meine Seele eigentlich gar nicht brauchen würden, und doch stopfe ich es in mich hinein – aus Langeweile, aus Gewohnheit, aus Trostbedürfnis.

Solche Lebensmittel, die man darüber hinaus auch noch unnötigerweise für sich selber anhäuft, werden schlecht. Das jedenfalls berichtet die alte Wüstengeschichte aus der Bibel. Es gibt ein ganz bestimmtes Maß an Nahrung. Das kann jeder und jede für sich vielleicht besonders nach dieser Fastenwoche neu entdecken. Es ist ein Maß, das absolut ausreicht zur Stärkung der Seele und des Körpers. Maßvoll leben – wollen wir das nicht immer mehr? Wachteln und Manna werden auch vor uns in überschaubaren Größen auf manch schwierigen Wegen durch die Wüstenwelten ausgebreitet. Gott selber sorgt sich zuverlässig um unser Überleben. Unsere Aufgabe ist es nun – und zwar auf einer globalisierten Erde –, genau die Menge davon zu sammeln und auch nur das für uns zu nehmen, was wir wirklich brauchen. Dann wird die Fastenerfahrung dieser Woche noch lange anhalten und Überflüssiges von uns nicht mehr gedankenlos angehäuft und dann, wenn es schließlich schlecht geworden ist, weggeworfen. Andere wollen, brauchen auch ihren Teil. Bevor das Lebensmanna schlecht wird, bevor uns selber schlecht wird, bleiben wir bei dem, was wir wirklich brauchen. Und das ist immer noch mehr als genug.

Lukas 15,23f

Lied	EG 651,1–4 (Ausgabe für die Ev. Kirche im Rheinland etc.), Freunde, dass der Mandelzweig
Gebet	EG 926, S. 1427
Lied	EG 672, Jeder Teil dieser Erde

Andacht

„Bringt das gemästete Kalb und schlachtet's; lasst uns essen und fröhlich sein. Denn dieser mein Sohn war tot und ist wieder lebendig geworden; er war verloren und ist gefunden worden. Und sie fingen an, fröhlich zu sein.

Liebe Mitfastende!
Das wünsche ich Ihnen und mir für Morgen früh und natürlich auch für später: Dass Sie nämlich so recht das Fastenbrechen und dann die wunderbaren Tage danach so richtig fröhlich beginnen und genießen werden. Und ich glaube, man ist in der Tat dann am fröhlichsten, wenn man sich selber nach einer Zeit des Suchens, des Wartens, des Fastens und Verzicht wieder gefunden hat. Es ist ja umgekehrt bei vielen unter uns ein immer wiederkehrendes Alltags-

problem, dass wir uns selber unter der Fülle von Aufgaben verlieren. Wie oft gehen wir dann unter in einem Strudel von Planungen, Terminen, Verpflichtungen und Erwartungen. Und am Ende eines Tages wissen wir oft selber nicht mehr, wer wir eigentlich wirklich sind. Dem verlorenen Sohn ist auch in seiner „Fastenphase“ – wenn ich das einmal so nennen darf – nämlich beim Schweinehüten deutlich geworden, was ihm fehlt, was ihm abgeht, was oder wen er am meisten vermisst.

Und so könnte ich mir gut vorstellen, dass auch Ihnen während der vergangenen Tage deutlich geworden ist, was in der Zeit davor Ihnen – wie man altertümlich sagte – besonders „abging“. An Ruhe und Entspannung vielleicht, aber auch an Träumen, Visionen und Gedanken. Mag sein, dass Ihnen auch bewusst wurde, welche wichtigen Lebensbereiche und welche Ihnen ganz persönlich kostbaren Menschen zu kurz gekommen sind, verschüttet waren.

Aber die Fastenzeit mit ihren biblischen Besinnungen hat nun tatsächlich die Chance eröffnet, sich wiederentdecken zu lassen als ein besonderes, einmaliges, geliebtes Kind Gottes. Erkannt und aufgenommen als Sohn und Tochter eines Vaters, die in der kommenden Zeit noch eine Fülle an reichen, schönen und neuen Lebensmöglichkeiten geschenkt bekommen werden. Ob Sie dafür nun ein gemästetes Kalb schlachten werden, weiß ich nicht; aber ein besonders fröhliches Essen wird es schon sein, das die Feier des Wiederfindens Ihrer selbst, einer Art Neugeburt also, gestalten wird. Lassen Sie es sich dabei gut und fröhlich schmecken!

4 Biblische Texte zu Fastenzeiten

Deuteronomium 9,9 und Exodus 34,29

LIED	EG 652,1+2 (Ausgabe für die Ev. Kirche im Rheinland etc.) Von guten Mächten treu und still umgeben
GEBET	EG 939, S.1434
LIED	EG 652,6

ANDACHT

„Mose sprach: ‚Als ich auf den Berg gestiegen war, um die Steintafeln entgegenzunehmen, blieb ich vierzig Tage und vierzig Nächte auf dem Berg, aß kein Brot und trank kein Wasser.' – Als Mose dann vom Berg Sinai wieder herabstieg, hatte er die zwei Tafeln des Gesetzes in seiner Hand und wusste nicht, dass sein Angesicht glänzte, weil er mit Gott geredet hatte."

Liebe Mitfastende!
Von diesem Tag an befinden auch wir uns auf der Wanderung auf einen Berg Gottes. Ich weiß wohl: Es ist nicht der Sinai, und es sind auch nicht vierzig Tage, die wir dort verbringen werden. Allerdings sind wir dennoch dabei auf den Spuren des großen Mose: Auch wir wollen zumindest einige Tage fasten, um im Laufe dieser Zeit etwas von den guten und sinnvollen „Steintafeln Gottes", seinen Geboten also, neu zu hören und zu erfahren. Auf diesen Tafeln stand und steht, was unserem Leben neuen Glanz und gute Kraft geben kann: Etwa, ob wir es überhaupt noch vermögen, unseren ständig mit Aktivitäten gefüllten Tagen überhaupt noch Ruhe geben können – wie auf Tafel Nr. 4. Oder auch, wie es uns gelingen könnte, nicht ständig auf das zu sehen, was andere haben, sondern was wir selber täglich geschenkt bekommen – so die Tafel Nr. 10.

Aber um diese Steintafeln wieder neu entgegennehmen zu können, also für sich selber zu akzeptieren, braucht es eben hin und wieder so einen Gang mit Mose auf einen Berg. Dieser Fels ragt aus dem

Alltag heraus und führt näher zum Himmel. Aber das Klettern auf ihn, sein Besteigen also, ist längst nicht immer einfach. Hindernisse, äußerliche, aber auch innerliche, sind dabei zu überwinden. Da tut es gut, das wir diese Wanderung nicht allein unternehmen, sondern uns dabei unterwegs gegenseitig während der nächsten Tage (unter)stützen und stärken. Dann werden wir – so denke ich – in der Tat die Möglichkeit geschenkt bekommen, auf der Spitze des Berges, durch Ruhen und Beten und Fasten etwas von den guten Lebenssätzen, den Geboten Gottes aufzunehmen und für unseren Alltag neu zu verstehen.

Aber nicht nur das: Es kann uns beim Fasten wie Mose geschehen, dass am Ende der Woche, beim Abstieg vom Berg, auch unsere Gesichter zu leuchten und zu glänzen beginnen. Nicht nur, weil sich beim Fasten auch unsere Haut gereinigt und erneuert hat, viel mehr noch, weil wir während dieser Zeit Gott begegnen, mit ihm reden durften; einem Gott, der selber unsere Gesichter als Spiegel unserer Seelen, mit neuem Glanz überziehen will.

Lukas 4,5–8

LIED EG 171,1+2 (Ausgabe für die Ev. Kirche im Rheinland etc.) Bewahre uns Gott
GEBET EG 898, S.1412
LIED 171,3+4

ANDACHT (gezeigt wird ein Holzschnitt von Erwin Hahs: „Gesellschaft")

„Und der Teufel führte ihn hoch hinauf und zeigte ihm alle Reiche der Welt in einem Augenblick und sprach: zu ihm: Alle diese Macht will ich dir geben und ihre Herrlichkeit; denn sie ist mir übergeben, und ich gebe sie, wem ich will. Wenn du mich nun anbetest, so soll sie ganz dein sein. Jesus antwortete ihm und sprach: Es steht geschrieben: Du sollst den Herrn, deinen Gott, anbeten und ihm allein dienen."

Und wem, liebe Mitfastende, dienen wir eigentlich? Auf dem Holzschnitt, der heute Abend vor Ihnen liegt, entdecken wir einen kleinen Ausschnitt unseres Lebens, der sichtbar machen will: Auch wir beten manchmal im Alltag ein Leben an, das oft genug teuflische Züge bekommen kann. Die Menschen am unteren Bildrand schaffen es kaum mehr, die schwer befahrene Straße zu überqueren. So wie sich die Autos in Reih und Glied brachial ihren Weg bahnen, so formieren sich die gesichtslosen Menschen zu einer Armee, in der einer dem andern zu folgen scheint, ohne im Grunde zu wissen, warum und wohin. Ja, wem dienen wir eigentlich? Der Bank im Hintergrund, von der wir Geld geliehen haben und die uns täglich ans Rückzahlen erinnert? Der Lebensversicherung im oberen Teil des Bildes, die etwas absichern will, was doch gar nicht abzusichern ist: Erfüllte Lebenstage nämlich? Den Glücksrädern, die in der Mitte wie Sonnen um uns kreisen und sich im Kino nebenan als gespielte Illusion mancher Bilder und Träume darstellen?

Ich weiß wohl, dass nicht jeder unserer Lebenstage so aussieht wie auf dem Holzschnitt von Erwin Hahs. Aber wir haben ebenfalls eine Tendenz, den Einflüsterungen des Teufels hoch oben im Bild zu lauschen, der alles verspricht, wenn man nur bereit ist, sich vollständig und ganz auf ihn und seine Regeln einzulassen. Aber er wäre nicht der Teufel, wenn er gerade nicht seine Versprechungen halten würde, stattdessen mit dafür sorgt, dass wir uns auf der Lebensstraße immer mehr selber verlieren.

Da ist es gut, dass einer „Nein“ gesagt hat. „Nein“ zu dem Wirbel der Sinnlosigkeit und der Unerfülltheit, Denn wer sich auf den Teufel einlässt, findet keine Ruhe. Auf unserem Holzschnitt verweigert sich Jesus dieser Leere. Er kreuz die Arme und lehnt die Einflüsterungen ab; weil er sehr genau weiß, dass der Mensch eben nicht allein vom Brot leben kann, sondern von einem inneren Halt, den die Beziehung zu Gott verspricht. Ihm allein will er dienen. Niemandem sonst. Und das eben auch mit Fasten und Gebet. In der Wüste. 40 Tage lang. Das macht ihn auf dem Bild stark genug, den Verführungen des Versuchers, den Versuchungen des Verführers zu widerstehen. Selbst dann, wenn der Teufel – wie auf dem Kunstwerk – die Gestalt eines Predigers annehmen kann. Er bleibt dabei: Sein Dienst gehört Gott. Und unserer?

Jona 3,4f+10

LIED EG 432,1–2 (Ausgabe für die Ev. Kirche im Rheinland etc.) Gott gab uns Atem
GEBET EG 949, S.1440
LIED EG 432,3

ANDACHT

„Und als Jona anfing, in die Stadt hineinzugehen, und eine Tagereise weit gekommen war, predigte er und sprach: Es sind noch vierzig Tage, so wird Ninive untergehen. Da glaubten die Leute von Ninive an Gott und ließen ein Fasten ausrufen und zogen alle, groß und klein, den Sack zur Buße an. Als aber Gott ihr Tun sah, wie sie sich bekehrten von ihrem bösen Wege, reute ihn das Übel, das er ihnen angekündigt hatte, und tat's nicht."

Manchmal braucht man zur Veränderung im eigenen Leben einen Anstoß von Außen. Denn der Trott des Alltags, die vielen eingeschliffenen Gewohnheiten, manch Nachlässigkeit, sicherlich auch manchmal Faulheit wollen es einfach nicht zulassen, von eingefahrenen Verhaltensweisen Abstand zu nehmen. Ich bin halt so, wie ich nun einmal bin, ist dann die schlichte Devise. Die anderen müssen halt mit meinen Macken leben.

Gott aber denkt anders über uns. Er hält uns allesamt für veränderungswürdig und für ungeheuer lernfähig. Und so schickt er von Außen oft genug Menschen in unser Leben, die uns auf falsche Verhaltensweisen aufmerksam machen. Diese „Propheten" haben keinen ganz einfachen Job. Aber meinen Sie jetzt nur ja nicht, dass es dem guten Jona damals leichter gefallen wäre als manchem unserer Kritiker, der ziemlich verkommenen Stadt Ninive ihr baldiges Ende anzusagen. Es sei denn, sie würde sich besinnen und doch noch zu einer Umkehr, einer Änderung finden. Kritik tut weh. Niemand hört sie gern. Aber sollten auch Sie einmal von kleineren oder größeren „Propheten" auf die Schatten in Ihrem Leben hingewiesen werden: Laufen Sie nicht weg! Hören Sie zu! Es könnte nämlich zu Ihrem Allerbesten sein. Und noch etwas: Lassen doch auch Sie auf solche Anstöße hin ein „Fasten" ausrufen. Halten Sie doch einmal inne, wie es immerhin sogar die gesamte Bevölkerung Ninives geschafft hat. Sie werden dann merken: Ich kann nicht alles so weitermachen wie bisher. Ich stelle mich mal für ein paar Tage selber ruhig. Dabei spüre ich: *Dieses* Verhalten, *jene* Gewohnheit waren für mich, waren für meine Umgebung nicht gut. Ich könnte doch auch einmal anders, wenn ich denn nur wollte. Vor allem deshalb kann ich aber auch noch Anderes aus mir machen, als ich es bisher gewohnt war, weil Gott mich nicht auf meine Vergangenheit und auch nicht auf ein zukünftiges Bild von mir festlegt. Gott will stattdessen, dass wir leben, gut leben, vernünftig leben, glücklich leben. Und genau dazu zeigt er uns auch während der Fastenzeit manche Alternativen zum Bisherigen auf. Er freut sich mit uns mit, wenn wir nach diesen Tagen andere geworden sind. Wir sind nicht „untergegangen". Wir sind fast schon ein Stück „auferstanden."

Matthäus 6,16–18

LIED EG 667,1–3 (Ausgabe für die Ev. Kirche im Rheinland etc.), Wenn das Brot, das wir teilen, als Rose blüht
GEBET EG 813, S.1243
LIED 667,4

ANDACHT

„Jesus sagt: Wenn ihr fastet, sollt ihr nicht sauer dreinsehen wie die Heuchler; denn sie verstellen ihr Gesicht, um sich vor den Leuten zu zeigen mit ihrem Fasten. Wahrlich, ich sage euch: Sie haben ihren Lohn schon gehabt. Wenn du aber fastest, so salbe dein Haupt und wasche dein Gesicht, damit du dich nicht vor den Leuten zeigst mit deinem Fasten, sondern vor deinem Vater, der im Verborgenen ist; und dein Vater, der in das Verborgene sieht, wird dir's vergelten."

„Alle Achtung, großes Kompliment!" hat vielleicht neulich Ihre Nachbarin zu Ihnen gesagt. „Sie machen auch bei dieser gemeindlichen Fastenwoche mit. Bewundernswert. Eine ziemliche Leistung für Sie." Vielleicht haben Sie auf dieses nachbarliche Lob zunächst etwas überrascht reagiert, weil Sie doch eigentlich niemandem außer Ihren Familienangehörigen etwas von Ihrer Fastenunternehmung erzählt haben. „Wie haben Sie das denn herausgefunden?", ist also

Ihre berechtigte Rückfrage. „Na“, wird da die interessierte Nachbarin geantwortet haben, „das war Ihnen nun wirklich anzusehen und anzumerken. Ziemlich missmutig sind Sie durch Ihren Garten gestiefelt, Ihr Gesicht in angespannte Falten gelegt. Ist ja auch verständlich, dass Sie dadurch indirekt anderen mitteilen wollten, was Sie alles zur Zeit leisten und durchmachen.“

Verständlich ist das, meinte schon Jesus, diese Zurschaustellung, aber deshalb nicht auch gleich unbedingt gut und gesund. Offensichtlich neigen wir Menschen – selbst bei so einer Fastenaktion – dazu, uns dabei von der Meinung, der Reaktion, der Bewunderung unserer Umgebung abhängig zu machen. Sollen *Sie* uns doch sagen, wie toll das ist, was wir da gerade tun; wie großartig es auch nach Außen hin wirkt, bereitwillig für eine Zeit auf feste Nahrung zu verzichten. Aber genau so eine Präsentation bringt, das jedenfalls meint Jesus, keinen guten Lohn ein. Fastet man mit ziemlich angespannter Miene, um andere auf sich aufmerksam zu machen – mögen sie uns nur ja bewundern! –, dann ist man noch nicht ganz bei sich selber. Stattdessen rät Jesus: Wasch dich und salbe dich – übrigens eine Empfehlung, die in jeden Fastenratgeber aufgenommen wurde –, aber tu das nicht nur aus hygienischen Gründen. Denn eigentlich sollte es niemandem etwas angehen, was du in dieser Woche tust, außer dir – und Gott. Erst wenn du es nicht mehr nötig hast, anderen zu beweisen, was du alles in diesen Tagen leistest, wirst du im Inneren verspüren, wie Gott zu dir kommt, mitten in deine Ruhe hinein. Erst in dieser Verborgenheit kann er recht in ein Gespräch mit dir eintreten. Nur so und auf diese Art wird *er* dich dann auch loben und mit seiner besonderen Nähe bereichern. Er ist es jetzt, der dich schätzt und bewundert; und auf deine Nachbarin mit ihrem Kommentar kannst du dann ganz getrost verzichten.

Apostelgeschichte 13,2f+27,33–36

Lied	EG 651,1–4 (Ausgabe für die Ev. Kirche im Rheinland etc.), Freunde, das der Mandelzweig
Gebet	EG 926, S.1427
Lied	EG 489,1+2, Gehe ein in deinen Frieden

„Als sie aber dem Herrn dienten und fasteten, sprach der Heilige Geist: Sondert mir aus Barnabas und Saulus zu dem Werk, zu dem ich sie berufen habe. Da fasteten sie und beteten und legten die Hände auf sie und ließen sie ziehen."

Und nun könnte ich mir denken, dass auch zu Ihnen auf die eine oder andere Weise der Geist Gottes in diesen Tagen geredet hat. Vielleicht sind auch Sie dabei zu einer neuen, besonderen Aufgabe berufen worden. Vielleicht sollen Sie in Ihrer Zeiteinteilung neue Schwerpunkte setzen. Oder Ihr körperliches Wohlbefinden soll durch eine Nahrungsumstellung neue Impulse erhalten. Aber könnte es darüber hinaus nicht auch sein, dass Sie ein neues Verhältnis zu Meditation, Stille, Gebet und dem Gespräch mit Gott bekommen haben? Es könnte doch durchaus sein, dass diese gemeinsame Woche mit dazu beigetragen hat, die Welt des Glaubens als ein Land zu entdecken, das auf ganz persönliche Art neu erfahren und bereist werden möchte.

Ich habe tatsächlich auch erfahren, dass TeilnehmerInnen unserer letzten Fastenwoche vor einem Jahr auf ganz besondere Weise auch mit dieser Gemeinde neu verbunden wurden; anschließend brachten sie eine Fülle von Anregungen ein: Salbungsgottesdienste, Musik, Kunstausstellungen, thematische Gesprächskreise. Auch in dieser Hinsicht hat das Fasten dafür gesorgt, klare Augen und neue Ideen geschenkt zu bekommen.

Aber vielleicht ist noch mehr geschehen. Saulus, der in unserem Text zu *seiner* besonderen Aufgabe nach dem Fasten bestimmt wird, entwickelt sich anschließend als ein Mensch, dem es gelingt, andere in Notsituation aufzubauen; übrigens gerade auch durch eine herzhafte Mahlzeit. So ermuntert er z.B. während eines gewaltigen Unwetters, Seesturms und Schiffbruchs seine Freunde, doch durch Nahrungssaufnahme wieder zu Kräften zu kommen: „Und als es anfing, hell zu werden, ermahnte Paulus sie alle, Nahrung zu sich zu nehmen, und sprach: Es ist heute der 14.Tag, dass ihr wartet und ohne Nahrung geblieben seid und nichts zu essen zu euch genommen habt. Darum ermahne ich euch, etwas zu essen; denn das dient zu eurer Rettung; es wird keinem von euch ein Haar vom Haupt fallen. Und als er das gesagt hatte, nahm er Brot, dankte Gott vor ihnen allen und brach's und fing an zu essen. Da wurden sie alle guten Mutes und nahmen Nahrung zu sich." (Apg 27,33.36)

Diesen guten Mut wünsche ich Ihnen allen für den morgigen Tag, wenn das Fastenbrechen auch Ihnen neue Kräfte zuführen wird. Vielleicht tun Sie dies ja dann auch auf die Art des Apostels, der Gott für die neugeschenkte Erfahrung der Speise dankt, das Mahl sozusagen heiligt, und damit andere Menschen motiviert, zum wahren Leben zurückzufinden. Auch wir brauchen gerade in unserer Kirche Menschen wie Sie, die nach der Fastenzeit so gestärkt sind, dass sie auch andere um sich herum nun aufbauen und erfreuen können. Durch Essen. Aber auch durch guten Rat. Ich jedenfalls bin fest davon überzeugt, dass Sie alle in der kommenden Zeit andere Menschen mit Ihrem guten Mut anstecken werden.

5 Bilder zur Fastenreise

(Anmerkung: Die einzelnen Symbole wurden durch Dias gezeigt; möglich sind aber auch Einsätze von Photoplakaten)

„Rucksack“

LIED EG 171,1+2 (Ausgabe für die Ev. Kirche im Rheinland etc.) Bewahre uns Gott, behüte uns Gott
GEBET EG 873, S.1400
LIED EG 171,3+4

ANDACHT

Ich mache mich für einige Tage auf. Zusammen mit anderen Menschen. Es ist eine Reise, die äußerlich gesehen gar nicht so weit weg führt. Von meinem Haus in dieses Gemeindehaus und wieder zurück. Kein weiter Weg. Und zwischendurch natürlich auch all die anderen Schritte, die mir in meinem Alltag, meinem Beruf sonst noch zu tun bleiben. Aber inmitten all dieser Wege und Tätigkeiten bewege ich mich in ein Land, das noch unendlich weit entfernt da liegt, weil es noch in meinem Innersten verborgen ist. Es ist nämlich der Weg zu meiner eigenen Mitte. Wie ist dieser sonst versperrt von alltäglichen Pflichten: Aufstehen, Ausgehen, Planen und Plaudern. Jetzt aber mache ich mich während der Fastentage besonders bereit, den Gang zu meinem Lebensgeheimnis neu zu finden und dann auch zu beschreiten.

Dazu brauche ich diesen Rucksack. Er enthält nicht das, was ich sonst für meine Reisen brauche: Pass, Landkarte, Flugticket, Scheckkarte – nein von all dem nichts. Und auch keinen Kalender, der einzelne geplante Unternehmungen akribisch festhält und abhakt. Nein, stattdessen vielleicht dies: Ein leeres Buch, in das ich meine – jetzt noch nicht bekannte Erfahrungen – eintragen kann. Eine CD mit meditativer Musik, die mich inspiriert und Entspannungen schenken könnte. Oder vielleicht auch ein paar Photos von Menschen, die ich während dieser Zeit noch einmal intensiver wahrnehmen oder auch ganz neu kennen lernen möchte. Und dann auch das Bildnis eines Weges, den ich in dieser Zeit langsam und bewusst dabei ein- und ausatmend gehen werde; um auf diese Art etwa die wachsende und neu erblühende Natur um mich her besonders wahrzunehmen,

Das alles ist, Sie merken es, sehr leichtes Gepäck. Also: Nichts soll Ihnen auf dem Weg durch die kommende Zeit auf den Schultern lasten. Vor allem aber wünsche ich ihnen jetzt: Lassen Sie sich doch auch überraschen, was Sie am Ende dieser Woche auch an völlig Unerwartetem in Ihrem Lebensrucksack vorfinden werden. Z.B. vielleicht auch die Erfahrung, dass Ruhe, Langsamkeit, Meditation und Gebet Ihrer Zeit eine neue Tiefe gegeben haben. Und das sind Schätze, die Sie durchaus auch auf Ihren weiteren Wegen in den normalen Alltag zurück mitnehmen können. Diese gute Erfahrung wünsche ich Ihnen, einen Rucksack voll erstaunlicher Schätze, für die man nichts zu bezahlen braucht, weil sie für's eigene Leben unbezahlbar sind.

„Ohr“

LIED EG 432,1+2 (Ausgabe für die Ev. Kirche im Rheinland etc.), Gott gab uns Atem, damit wir leben
GEBET EG 980, S.1475
LIED EG 432,3

ANDACHT

Mein Ohr: Das einzige Organ, in das ungefragt und wehrlos alles von Außen in mich eindringen kann. Denn meine Augen kann ich verschließen. Meine Nase kann ich mir zuhalten. Aber selbst wenn ich versuchen würde, mir die Ohren zu verstopfen: Es dringen immer noch genügend Geräusche in den Hörgang ein: Die ganze laute Welt um mich her. Flugzeuglärm in den frühen Morgenstunden; Reifenquietschen an der Straßenecke; Streit in der Wohnung über mir. Manchmal merke ich erst in der Nacht, wenn vieles ruhiger wird, und ich nur aus der Ferne das fast beruhigende, einschläfernde Geräusch ratternder Eisenbahnräder höre, was ich meinen Ohren tagsüber alles sonst so zumute.

Da ist z.B. die überlaute, scharfe Stimme meines Vorgesetzten, der ich mich im gemeinsamen Büro nicht entziehen kann. Da gibt es laute, handfeste Auseinandersetzungen in der eigenen Familie. Das unablässige Zugedröhntwerden von Werbestimmen, die wie Faustschläge auf mein Gehör einhämmern. Und dann manchmal als Folge all dieser geräuschvollen Zumutungen ein inneres Zusammenbrechen, der Hörsturz, weil ich mich nicht mehr anders gegen die ungezählten Laute und aufdringlichen Anforderungen wehren konnte.

Manchmal aber dringt der Lärm nicht nur von Außen auf mich ein. Da sind ja auch noch die vielen inneren Stimmen seit meiner Kindheit: Eltern, Lehrer, Freunde, die auf mich einreden. Und damit auch all die Endlosschleifen, die die Allgemeinheit zur zu akzeptierenden „Meinung" deklariert. Das alles zusammengenommen macht einen ganz schön lärmenden Chor aus.

Und der tötet die leisen Töne. Er übertönt z.B. die sanften Lebensmelodien, die in mir aufsteigen wollen, wenn ich den Frühling erahne. Oder das Flüstern einer inneren Stimme, die mich aufmerksam machen möchte auf den Hauch Gottes im Atem des Windes. Melodien aus einer anderen Welt, die mich hinführen wollen auf die kostbar-stillen Bereiche, die in meinem Leben zuletzt immer kürzer geworden sind.

Gottes Geist aber will weiter zu mir sprechen und mich im Innersten erreichen. Dazu brauche ich aber geschützte, abgeschirmte Räume: Eine Kirche, eine Wiese, diesen Raum hier. Hier kann ich in aller Stille meine Ohren schonen, verschonen vor den viel zu vielen anderen zudringlichen Geräuschen, Worten, Tönen. Ich kann lernen, Ruhe neu zu verspüren. Auch dazu ist diese Fastenwoche gedacht: Die Ohren zu verschließen vor dem Alltagslärm, um sie der zarten Stimme Gottes gegenüber wieder zu öffnen. Der Prophet Jesaja sagt dazu: „Gott der Herr weckt mir jeden Morgen neu das Ohr, damit ich ihm zuhöre, wie Jünger und Jüngerinnen hören." (Jes 50,4) Lassen auch Sie sich von Gott in diesen Tagen die Ohren so öffnen, dass Sie bereit sind, Erstaunliches zu hören von dem, was Gott Ihnen über Ihr persönliches Leben sagen will. „Manchmal / für einen Augenblick / halte ich ein, / mitten im Trubel des Tages, / verschließe meine Augen und Ohren, / und bin einen Augenblick glücklich: / ich bin nicht allein. / Du bist da, mein Gott."

„Lautes An-Rufen"

LIED 652,1+2 (Ausgabe für die Ev. Kirche im Rheinland etc.), Von guten Mächten
GEBET 958, S. 1444
LIED 652,5+6

ANDACHT

In unserem eher gesetzteren Alter haben wir dieses ungeduldige Herbeirufen von Hilfe verlernt. Eher etwas verschämt, höflich und sittsam fragen wir bei unseren Mitmenschen an; ängstlich bemüht, ja nicht aufzufallen – so klopfen wir zaghaft um Unterstützung an. Und vorsichtig, wie hinter einer vorgehaltenen Hand, suchen wird dann auch manchmal demütig und bescheiden das Gespräch mit Gott.

Erinnere ich mich recht, dann waren ich als Kinder noch anders: Laut, schamlos und ungehemmt riefen wir aus, wenn wir jemanden suchten oder jemanden für dies oder das brauchten. Z.B. Spielkameraden, die haben wir genau so aus ihren Häusern zusammengetrommelt. Oder die Eltern, die nur ja rasch kommen sollten, um uns bei aufgeschlagenen Knien zu trösten. Herbeigeschrieen haben wir sie.

Und war damals unsere Beziehung zu Gott nicht auch so offen und direkt? Ohne falsche Scham und Hemmungen riefen wir ihn herbei, wenn wir besondere Hilfe brauchten, so rasch wie möglich und unkompliziert. In Schwierigkeiten und Notlagen, aber manchmal doch auch an Tagen großen Glücks, damit er sich mitfreuen konnte.

Ebenso möchte Gott aber nun auch mitten in unserem Erwachsenenleben angerufen werden. Wir haben es nicht nur verlernt, ihm unsere Stimme zu schenken. Leider finden wir dazu im Alltag oft überhaupt nicht mehr die nötige Zeit. Oder wir rufen in ganz andere Richtungen um Hilfe, wenn wir nicht mehr weiter wissen; nur nicht bei ihm.

Dabei wäre es doch im Grunde so einfach. Ganz einfach auszuprobieren Eine Fastenwoche hilft mit Sicherheit, dieses einfache Herbeirufen Gottes wieder zu entdecken. Im Stillewerden und in der Ruhe kehrt die Möglichkeit zurück, Gott in das eigene Leben hineinzubitten. Das kann man tatsächlich wieder erlernen, nämlich Gott so anzusprechen, dass er sich wie eine Mutter um ihre Kinder versammelt und Hilfe und Begleitung verspricht. Wenn man wirklich jemanden zu allen Tages- und auch Nachtzeiten anrufen kann, dann dieses göttliche Gegenüber. „Noch bevor wir dich suchen", heißt es in einem alten Gebet, „bist Du schon bei uns. Bevor wir Deinen Namen kennen, bist Du schon unser Gott." Ich wünsche Ihnen allen während dieser Tage die Erfahrung, dass Ihr Anruf an ihn nicht vergeblich sein wird, dass Sie also auf vielfältige Weise Antwort auf Ihre Hilferufe und Lebensfragen erhalten; ganz im Sinne des Psalmwortes, in dem Gott selber dazu einlädt: „Rufe mich an in der Not, so will ich dich erretten und du sollst mich preisen." (Ps 50,15)

Begleitungs-Bild

LIED EG 667,1+3 (Ausgabe für die Ev. Kirche im Rheinland etc.), Wenn das Brot, das wir teilen
GEBET EG 778, S.1203
LIED EG 667,4

ANDACHT

Diese Woche ist ein schönes Unternehmen. Und das Fasten gelingt deshalb nicht allzu schwer, weil ich auf meinem Weg durch diese Zeit nicht allein bin. Neben mir sitzen auch heute Abend Menschen, die ich vorher hier im Ort oder auch in unserer Gemeinde gar nicht so recht wahrgenommen habe. Aber sie haben ähnlich wie ich selber die Entscheidung getroffen, wenigstens für ein paar Tage aus dem gewohnten Lebensrhythmus auszubrechen und neue Erfahrungen mit dem eigenen Körper, der Seele und dem Geist zu machen. Und so kann man wirklich – wie auf unserem Bild – im Laufe der Zeit das Gefühl bekommen, man könnte, wenn man nur wollte, seine Hand auf die Schultern des Nachbars oder der Nachbarin legen. Sicherlich würde man dabei verstanden werden, wenn man auf diese konkrete Art und Weise Begleitung, Zuspruch und Verständnis suchen würde.

Wahrscheinlich ist dies in der Tat eine ganz besonders schöne Erfahrung während der Fastenwoche: Ich bin mit meinen Erlebnissen und meinen Schritten auf dem Weg durch die Tage nicht allein. Ich kann mich austauschen. Ich kann mich auch bei anderen aussprechen und ausruhen. Umgekehrt gibt es natürlich auch die andere Sicht auf das Bild: Ich kann ja selber auch zu einer Schulter für andere Menschen werden, die bei mir nun ihrerseits eine kleine Stütze oder auch einen größeren Halt suchen. Könnte es nicht sein, dass auch ich in solchen Momenten viel mehr von mir zu geben bereit bin, als ich es mir selber früher zugetraut habe?

Denn in unserem normalen Leben sind wir viel zurückhaltender mit dem Anlehnen oder der Schulter anbieten. Wir wollen anderen nicht zur Last fallen, aber auch nicht mit Hilfsangeboten aufdringlich sein. Und oft genug schämen wir uns unserer Müdigkeit und unserer Schwächen und lassen dann unsere Hände lieber verborgen in den Taschen stecken. Andererseits vermitteln wir suchenden Menschen manchmal das Gefühl, wir hätten keine rechten und festen Schultern, sondern würden stattdessen im Zweifelsfall unter dem Druck der Hilfesuchenden wegknicken.

Wäre es nicht stattdessen denkbar, das wir in diesen Tagen zeigen können, dass *beides* in uns steckt: Sowohl die Fähigkeit, sich vertrauensvoll bei anderen anzulehnen; wie auch die Gabe, anderen Stütze und Halt zu geben. Schon möglich, dass wir dies alles nur deshalb können, weil wir uns allesamt auf der Wanderung durch diese Woche und dann auch weiter durch unser Leben bei dem Guten Hirten anlehnen dürfen, dessen Schultern weit genug sind für alle Welt: „ Denn ob ich schon wanderte im finstern Tal, fürchte ich kein Unglück, denn du bist bei mir.“ (Ps 23,4)

Jahresringe am Baum

LIED EG 651,1–4 (Ausgabe für die Ev. Kirche im Rheinland etc.), Freunde, dass der Mandelzweig
GEBET EG 926, S.1427
LIED EG 170,1–4, Komm, Herr, segne uns

ANDACHT

Unsere Wanderung durch diese Woche geht langsam dem Ende entgegen. Und nun stelle ich mir vor, das wir in den vergangenen Tagen immer engere und dichtere und konzentriertere Kreise um unsere eigenen Mitte hin gezogen haben. Vielleicht haben wir in der vergangenen Woche zunächst lediglich den Versuch unternommen, ein wenig körperlichen Ballast abzuwerfen. Diese Intention mag möglicherweise so etwas wie der äußere Jahresring auf diesem Baumstamm gewesen sein.

Aber dann, nicht wahr, dann fühle ich mich in dem nächsten Kreis viel befreiter von anderen Dingen, die ich ganz bewusst *nicht* zu Beginn in den Lebensrucksack für die Fastenzeit gesteckt habe. Stattdessen fühle ich mich bereichert durch Erfahrungen, die meinem Leben eine größere Dichte und Tiefe und Reife gegeben haben.

Und dann bin ich fast automatisch in den nächsten Kreislauf geraten, in dem ich mir auf einmal bewusst wurde, was ich alles für eine bestimmte Zeit von meinen Ohren ausschließen wollte, um ganz bewusst in der Stille Gottes Stimme neu vernehmen zu können.

Immer weiter verlief die Konzentration meins Lebens: Möglich, dass auch Sie im nächsten Zirkel wieder ganz neu lernen und erfahren durften, wie es gelingen kann, Gott anzurufen; und er dann auch in der Tat auf die eine oder andere Art geantwortet hat.

Und schließlich erreichten wir das Zentrum, die Mitte unserer Fastenwoche, indem Sie sich haben begleiten lassen von Menschen, die ihnen auf eine liebevolle und nette Art nähergerückt sind; oder denen Sie selber auf unterschiedliche Weise Arm oder Rücken als Stütze und Begleitung anbieten konnten.

Ich wünsche Ihnen, dass Sie etwas von der Erfahrung dieser Mitte in Ihr normales Leben mitnehmen können; dass Sie also auch im Alltag immer wieder zu diesem Zentrum zurückkehren. Denken Sie daran, zur Erinnerung an diese Erfahrung stehen hier in unserer Kirche die Türen immer weit offen. Vor allem anderen aber steht das Herz Gottes für Sie offen, der weiterhin zuhört und hilft und mitgeht: „Herr, du erforschest und kennest mich. Ich gehe oder liege, so bist du um mich und siehst alle meine Wege. Von allen Seiten umgibst du mich und hältst deine Hand über mir.“ (Ps 139,1+3+5)

6 Bereicherung durch Verzicht

Jesaja 30,15

LIED EG 664,1+2 (Ausgabe für die Ev. Kirche im Rheinland etc.), Wir strecken uns nach dir
GEBET EG 939, S.1434
LIED EG 664,3

ANDACHT

Liebe Mitfastende!
Jedes Jahr neu zieht es für eine knappe Woche Menschen zu uns, die in ihrem gewohnten Lebenslauf innehalten wollen. Manche tun dies regelmäßig Jahr für Jahr. Und manche unter Ihnen sind heute zum ersten Mal dabei. Alle seien Sie miteinander ganz herzlich willkommen.

Die Andachten zu Beginn unserer gemeinsamen Abende haben immer ein verbindendes, durchgehendes Thema. Zu diesem Jahr habe ich mich entschieden, mit Ihnen zusammen einmal grundsätzlich darüber nachzudenken, was das eigentlich bedeutet: Sich für eine Zeit von bestimmten Phänomenen freizumachen. Und wie es bei solcherart Los-Lassen, Ent-Schlacken, Ab-Rüsten zu einer ungeahnten neuen Lebensfülle und -bereicherung kommen kann.

Wir beginnen hierzu mit einem Vers aus dem Buch des Propheten Jesaja: „Denn so spricht Gott der Herr, der Heilige Israels: Wenn ihr umkehrtet und stille bliebet, so würde euch geholfen; durch Stillesein und Hoffen würdet ihr stark sein." Normalerweise aber sind wir allesamt auf einem völlig anderen Weg: Und der sieht so aus, dass es kein Werbeträger versäumt, uns zu permanentem, ununterbrochenem, pausenlosen Kräfteeinsatz zu animieren. Morgens joggen, vormittags zwei „meetings" parallel geschaltet im Büro, zwischendurch ein kleiner Dienstflug nach München, abends ein Empfang bei den Spitzen der Industrie, anschließendes Aktenstudium, vielleicht noch ein zärtliches „Tete-à-tete" eingebaut – und der äußere Rahmen wird spitzenmäßig zusammengehalten mit dem „3-Wetter-Taft“.

Ich weiß, liebe Menschen, dass ich ein bisschen karikiere; weil keiner und keine von uns permanent solche Tagesstrecken zurücklegt. Trotzdem gilt auch unter uns die Devise, dass nur die ständig Aktiven es letztlich „zu etwas bringen“. Aber schon rein mental gesehen ist dies ein gewaltiger Trugschluss. Ist es nicht viel mehr so, dass sich die besten Gedanken, die originellsten Ideen zum allergrößten Teil in Phasen der Ruhe entwickeln? Das kann z.B. ein Urlaub sein, der mir in aller Klarheit und Unabgelenktheit bewusst macht, welche wichtigen Entscheidungen zu treffen sind. Ein Spaziergang durch die nächsten Wälder, ein intensives Hören auf Musik. Oder ganz einfach auch einmal ein ganz bewusstes Aus-Ruhen, Innehalten, Luftholen, Meditieren: Das waren und sind Momente auch meines Lebens, die mich im Rückblick besonders konzentriert, überzeugt und stark gemacht haben.

Solcherlei Erlebnisse erfordern allerdings eine Umkehr von dem Denken, nur ständiges Rotieren würde unser Leben letzten Endes wertvoll, erfolgreich und effizient machen. Aber so eine Sinneswandlung in die Wege zu leiten, fällt den meisten von uns ungeheuer schwer. Von Kindesbeinen an sind wir mehr oder minder dahingehend programmiert worden, durch eigene Leistungen unaufhörlich Erfolge zu produzieren.

In so einer festgefahrenen Lage muss Gott uns schließlich selber ansprechen und uns stattdessen auf die ungewöhnliche Lebensbereicherung durch Stille-Sein aufmerksam machen. Gerade nämlich in Ruhe-Zeiten ereignet sich fast unmerklich auch wieder eine Beziehung zum göttlichen Urgrund unseres Lebens. Ein Getragenwerden durch die Hoffnung auf Ihn, das nicht von unseren Kräften und Aktivitäten abhängt.

Ich wünsche Ihnen, dass diese Fastenwoche dazu verhilft, eben diese himmlische Ruhe wieder so zu verspüren, dass Sie diese Tage als wahrhaft reiche, be-reichernde Zeit erleben. Dass Sie also diese Tage ale eine Chance erfahren, bei der Sie sich, anderen Menschen und nicht zuletzt Gott neu begegnen können; Ideen für Ihr Leben entwickeln; und dadurch am Ende sicherlich auch den Reichtum von Ruhe seelisch und körperlich neu genießen lernen.

1. Samuel 17,38–40

LIED EG 383,1+2 (Ausgabe für die Ev. Kirche im Rheinland etc.), Herr, du hast mich angerührt
GEBET EG 955,S.1443
LIED EG 383,3+4

ANDACHT

Wir sprechen während dieser Woche über das interessante Phänomen, dass der Verzicht auf bestimmte Dinge oder eingespielte Gewohnheiten ganz neue Lebensmöglichkeiten, Einsichten und Perspektiven ermöglichen kann. Also: Der Verzicht diese Woche z.B. auf gewohnte Kost wird vielleicht nicht schon heute, aber mit Sicherheit in der nächsten Zeit ganz neue Kräfte in Ihnen entstehen lassen.

Dass aber auch äußere „Abrüstung“ große Lebenssicherheit bieten kann, davon erzählen folgende biblischen Verse: „Und Saul legte David seine Rüstung an und setzte ihm einen ehernen Helm auf sein Haupt und legte ihm einen Panzer an. Und David gürtete Sauls Schwert über seine Rüstung und mühte sich vergeblich, damit zu gehen; denn er hatte es noch nie versucht. Da sprach David zu Saul: ich kann so nicht gehen, denn ich bin's nicht gewohnt; und er legte es ab und nahm seinen Stab in die Hand und wählte fünf glatte Steine aus dem Bach und tat sie ihn die Hirtentasche, die ihm als Köcher diente, und nahm die Schleuder in die Hand und ging dem Philister entgegen.“

Und wie gehen Sie den „Philistern“ Ihres Lebens entgegen? Das waren mächtige Riesen, die einen bedrohten und einem das leben zur Hölle machen konnten – und immer noch können. Wir alle müssen uns schließlich im Alltag vor solchen Angreifern schützen. Da gibt es z.B. einen Arbeitskollegen, er einen nicht dulden will und einem wo es nur geht, Steine in den weg legt. Und es gibt Gefährdungen durch andere, manchmal sogar nahe stehende Beziehungen, bei denen man nicht so genau weiß, auf was man sich letzten Endes wirklich verlassen kann. Und schließlich existiert auch so etwas wie „Urängste“ in jedem Menschen, die mit allerlei realen Bedrohungen und der Begrenzt- und Verletztheit unseres Lebens ursächlich zusammenhängen. Wie also, noch einmal gefragt, gehen Sie mit diesen normalen „Philistern“ Ihres Lebens um?

Sieht es nicht zunächst unter uns wie bei David aus, dass wir uns also – wo es nur geht – einen ehernen Helm auf den Kopf schnallen und einen Panzer umlegen und ein Schwert umgürten; um mit solcherart „Rüstung“ allen Gefahren begegnen zu können? Wir versuchen, mit allen Abwehrmechanismen, die uns zur Verfügung stehen, auf die Gemeinheiten von KollegInnen zu reagieren und setzen uns dazu einen Helm auf, damit wir den anderen nur ja nicht in die Augen sehen müssen. Wir legen uns einen Gefühlspanzer zu, der uns vor Enttäuschungen im nächsten Familien- und Freundeskreis bewahrt. Und wir nehmen ein Schwert in die Hand, um mit einem Hieb alle Ängste, die uns nachts überfallen, und alle Sorgen, die uns tagsüber quälen, im Handstreich zu vernichten.

Nur leider, wie hieß es beim hochgerüsteten David?: Ich kann so nicht gehen. Wer sich und seine Gefühle so vor den Schwierigkeiten des Lebens einpanzert und zumauert, der ist zu jeder wahren Empfindung, jeder positiven Lebensentwicklung unfähig; der bleibt auf der Stelle stehen, weil er oder auch sie nichts anderes im Kopf hat, als sich selber allein nach allen Seiten verteidigen zu müssen.

Am 5. April 1897 schrieb der Dichter Theodor Fontane an seinen Freund Georg Friedlaender: „Alle militärischen Anstrengungen kommen mir vor, als ob man Anno 1400 alle Kraft darauf gerichtet hätte, die Ritterrüstung kugelsicher zu machen, – statt dessen kam man aber schließlich auf den einzig richtigen Ausweg, die Rüstung ganz fortzuwerfen.“

Nun fand David aber den Mut, auf Rüstung, Helm, Panzer und Schwert zu verzichten, weil er schlicht und einfach merkte, dass er mit all diesem Ballast unbeweglich geworden war. Ich weiß wohl, es gehört auch heute eine gehörige Portion Mut dazu, dem schwierigen Kollegen mit offenem Visier und ehrlichen Anfragen im Blick auf sein Verhalten zu begegnen. Es gehört Mut dazu, seine Gefühle im Familien- und Freundeskreis zu zeigen; zu den Verletzlichkeiten, aber auch zu den wunderbaren Gefühlsmomenten offen zu stehen und sich damit zu der Bandbreite der eigenen Emotionen zu bekennen. Und es gehört schließlich Mut dazu, auch hier in unserer Gemeinde Ängste zu artikulieren, die einen im Blick auf unsere Welt bedrücken; und also Bedrohungen, die einem manchmal die Luft zum Atmen nehmen können, bei ihrem wahren Namen zu nennen.

Was wird aus mir werden, fragt man sich da besorgt, wenn ich hinter meinem Schutzwall auftauche, mich preisgebe – ohne weitere Gelegenheit, mich verteidigen zu wollen? Nun, wir alle wissen, wie es mit David weiterging: Ohne jedwede Rüstung bekam er den genialen Gedanken, dem Philister mit seiner Steinschleuder aus Kindertagen zu begegnen. Nirgends steht geschrieben, dass Sie sich den „Philistern" Ihres Lebens einfach ganz wehrlos ergeben sollen. Nur, wenn Sie wirklich einmal „abgerüstet" haben, merken Sie rasch: Ihnen stehen ganz andere, viel phantasievollere Möglichkeiten zur Verfügung, dem Kollegen standhaft zu begegnen oder zu den eigenen Gefühlen im Freundeskreis zu stehen. Und nicht zuletzt werden Sie – so wie David – erfahren dürfen, dass auch die größten Angstmacher für Gott keine unbesiegbaren Gegner sind, sondern er Ihnen seinen Beistand schenken wird: Hoffnung auf seine Nähe und damit auch Ideen zu ihrer Überwindung. Probieren Sie es ruhig einmal aus, Sie werden wie David dann wieder so richtig gehen können.

Markus 6,7–9.12a.13

LIED EG 652,1+2 (Ausgabe für die Ev. Kirche im Rheinland etc.), Von guten Mächten treu und still umgeben
GEBET EG 920, S.1424
LIED EG 652,5+6

ANDACHT

Was braucht man wirklich zum Leben? Das fragen wir uns während dieser Fastenwoche in unterschiedlichen Aspekten. Wir begannen damit, den Wert der Ruhe für uns neu zu entdecken. Gestern dachten wir über das Ablegen unseres Schutzpanzers nach. Heute habe ich Ihnen einen Text mitgebracht, der davon spricht, was wir eigentlich mitnehmen sollen, wenn wir – vielleicht auch nach dieser Woche – Menschen etwas Wichtiges aus unserem Leben mitzuteilen haben:

„Und Jesus rief die Zwölf zu sich und fing an, sie auszusenden je zwei und zwei, und gab ihnen Macht über die unreinen Geister und gebot ihnen, nichts mitzunehmen auf den Weg als allein einen Stab, kein Brot, keine Tasche, kein Geld im Gürtel, wohl aber Schuhe, und nicht zwei Hemden anzuziehen. Und sie zogen aus und trieben viele böse Geister aus und salbten viele Kranke mit Öl und machten gesund."

Es ist schon höchst interessant: Bevor Jesus diese Zwölf, von denen hier die Rede ist, auf einen besonderen Weg ausschickt, hatte er sie aus unterschiedlichen Lebenssituationen herausgerufen: „Folge mir nach!" Lapidar hieß es daraufhin immer wieder: „Und der (betreffende Mensch) stand auf, verließ alles und folgte ihm." Offensichtlich war das Zusammensein mit diesem Jesus so reitvoll, so faszinierend, so lebensbereichernd und beglückend, dass man von jetzt auf gleich scheinbar Unaufgebbares aufgeben konnte.

Vielleicht kennen wir ähnliche Situationen. Wir alle haben unseren täglichen Lebensrahmen. Über bestimmte Handreichungen und Sachverhalten denken wir einfach nicht mehr nach. Es gibt aber Zeitunterbrechungen und menschliche Begegnungen, da springt man auf einmal aus der festgefügten Ordnung heraus; weil man spürt, dass woanders ein neuartiger Reichtum auf einen wartet.

Eben so eine Ausstrahlung muss Jesus gehabt haben. Menschen verließen ihr altes Leben, um im Zusammensein mit ihm die Welt von einer anderen Seite her neu zu entdecken.

Nun behielt Jesus diese Menschen aber auf Dauer nicht bei sich, sondern schickte sie – und damit sind wir bei unserem heutigen Thema – wieder zurück in ihr früheres Leben; damit sie dort auch anderen etwas von ihren Träumen, Hoffnungen und neuen Lebenseinsichten weitergeben konnten. Achten wir einmal genau auf den Wortlaut der Erzählung: Zunächst einmal werden sie zu zweit ausgeschickt. Mir ist es in meinem Leben auch immer eine Hilfe gewesen, wenn ich mich über wichtige Lebenserfahrungen mit jemandem austauschen konnte, dem Ähnliches aufgegangen war. So war es dann auch immer einfacher, diese Gemeinsamkeiten Dritten gegenüber zu vermitteln. Man konnte sich ja jetzt unterstützen, ergänzen, manchmal auch korrigieren. Vielleicht werden einige von Ihnen nach dieser Fastenwoche so eine Erfahrung machen, dass es immer leichter ist, gemeinsam mit jemandem, der auch gefastet hat, die eigenen Erkenntnisse weiterzugeben.

Den Menschen, die Jesus nun aussendet, wird aber darüber hinaus eine große Macht zugesprochen: Sie treiben unreine, böse Geister aus, salben Kranke mit Öl und machen Menschen gesund. Wenn wir dies in unserer Gegenwart mitnehmen, glaube ich schon, dass auch heute Menschen, die die Nähe Jesu, die aufbauende

Kraft seiner Zukunft erfahren haben, eine heilende Ausstrahlung auf andere haben. Und das könne durchaus auch Menschen sein so wie Sie, die durch Fasten und Meditation, Ruhe und Abrüstung geistlich erneuert wurden. Warum sollten Sie nicht auch die Kraft erhalten, von bösen und unguten Geistern andere Menschen, die von ihnen immer noch geplagt werden, zu befreien? Unterschätzen Sie nur ja nicht Ihre Möglichkeiten nach diesen Tagen!

Die äußere Ausstattung, die Jesus schließlich seinen Nachfolgern zumutet, ist auf ihrem Weg in die Welt wirklich minimalistisch: Zunächst einen Stab, der Halt gibt und Unterstützung für unterwegs. Vielleicht dürfen wir ihn auch übertragen auf all das, was Ihnen hier an spiritueller Unterstützung mitgegeben wurde. Aber dann kommt's: Kein Brot, keine Tasche, kein Geld! Jesus hatte wohl die Vision, das es für seine Freuden unterwegs immer wieder genügend Gelegenheiten geben würde, körperlich gestärkt zu werden. Wenn nur wahres Vertrauen auf die Begleitung durch Gottes Geist bestehen würde.

Ich musste in diesem Zusammenhang an eine Dame denken, die ich voriges Jahr kennen lernte und die mir vorlebte, wie man auch ohne Geld tatsächlich überleben kann. Sie erzählte mir, was für eine Fülle von Kontaktmöglichkeiten sich unter diesen scheinbar schwierigen Lebensbedingungen ergeben hatten, die jemand, der immer alles hat und auch auf seine Reisen mitnimmt, so niemals erfahren würde.

Schuhe werden wohl zugestanden, ein Bild nicht nur für eine stabilen Tritt, sondern, so denke ich, auch für den wahren geistlichen inneren Halt im Leben. Und dann heißt es noch, dass schon zwei Hemden zu viel seien. Schließlich soll das neue Leben luftig bleiben – in Erwartung, dass allzu große Vor-Sorge den Möglichkeiten Gottes zu wenig zutraut. Von diesen scheinbar so armselig ausgestatteten Menschen heißt es dann aber, dass sie viel stärker waren als die bösen Geister und allerorten Gesundheit und Freude und Glück verbreiteten. Ich wünsche Ihnen, dass auch Sie nach der Fastenwoche mit leichtem Gepäck und zu zweit Kräfte verbreiten, die viel Gutes auch um Sie herum wachsen lassen werden.

Jona 1,2; 3,3–6

LIED EG 395,1+2 (Ausgabe für die Ev. Kirche im Rheinland etc.), Vertraut den neuen Wegen
GEBET EG 961, S.1446
LIED EG 395,3

ANDACHT

Aufgeben, Aussteigen und Verzichten kann eine Fülle an Lebensgewinn bringen. So sagten wir an den vergangenen Tagen. Das klingt schön. Ist aber im konkreten Fall nicht immer einfach umzusetzen. Oft merkt man ja erst eine Zeit später, dass einem durch die Lebensumstellung neue Einsichten, die Entdeckung tieferer Lebensschichten sozusagen, geschenkt wurden. Das erfordert Geduld. Und der Prozess des Loslassens geschieht auch nicht immer freiwillig. Dazu heute ein Ausschnitt aus dem alttestamentlichen Buch Jona:

„Gott sprach zu Jona: Mache dich auf und geh in die große Stadt Ninive und predige gegen sie; denn ihre Bosheit ist vor mich gekommen. Da machte sich Jona auf und ging nach Ninive, wie der Herr gesagt hatte. Ninive aber war eine große Stadt vor Gott, drei Tagereisen groß. Und als Jona anfing, in die Stadt hineinzugehen, und eine Tagereise weit gekommen war, predigte er und sprach: Es sind noch vierzig Tage, so wird Ninive untergehen. Da glaubten die Leute von Ninive an Gott und ließen ein Fasten ausrufen und zogen alle, Groß und Klein, den Sack zur Buße an. Und als das vor den König von Ninive kam, stand er auf von seinem Thron und legte seinen Purpur ab und hüllte sich auch in den Sack und setzte sich in die Asche.“

Jeder und jede von uns, der oder die in unterschiedlichen Positionen Verantwortung übernimmt, hat Schwächen und macht Fehler. Das beginnt schon in dem überschaubaren Bereich unserer Familien, in dem wir uns immer wieder kleinere oder auch größere Rücksichtslosigkeiten, Ungerechtigkeiten, Vergesslichkeiten, Nachlässigkeiten zu Schulden kommen lassen. Oft können diese Unachtsamkeiten wieder ausgebügelt werden. Manchmal aber eskaliert auch die Situation, Wunden entstehen, die oft nur durch einen Verzicht auf die bisherige Position und aus der Distanz heraus wieder eine Chance zur Heilung erhalten.

Noch anders sieht es im öffentlichen Leben aus. Hier werden Fehlleistungen, gar Gesetzesübertretungen noch ganz anders wahrgenommen und geahndet. Aber viele Menschen lassen sich selbst von so einer Kritik nichts anhaben: Sie kleben weiter an ihrem Posten. Dann gibt es aber auch solche wie den König von Ninive. Der merkt nämlich eines Tages: Seine ganze Hauptstadt ist in Aufruhr. Ein Prophet ist unterwegs, der ihr aufgrund von Fehlverhalten, ja Verbrechen den Untergang angesagt hat. Aber nun anstatt ungerührt weiterzumachen wie bisher, stehen die Bewohner öffentlich zu ihrer Schuld, beginnen zu fasten, legen Schönheit und Würde ab – in der Hoffnung, dass ihr Gott sich seinen Untergangsbeschluss doch noch einmal überlegt. In diesem Augenblick erfasst auch der Hauptverantwortliche, der König den Ernst der Lage, legt seinen Purpur ab, tritt zurück und übernimmt damit auch persönlich die Verantwortung für die lebensbedrohliche Situation.

Nun kennen wir Berichte aus unserer eigenen Politik, in denen Ähnliches geschah: Mich persönlich bewegt dabei immer wieder der Rücktritt des ehemaligen Berliner Bürgermeisters Heinrich Albertz. Vielleicht entsinnen sich noch manche unter Ihnen: 1967 empfing er in Berlin den Schah von Persien, der als furchtbarer Diktator weltweit bekannt war. Es kommt zu Demonstrationen, in deren Verlauf der Student Benno Ohnesorg erschossen wird. Albertz erkennt, dass seine eigenen harten Anweisungen an die Polizei mit dazu geführt hatten, dass ein Polizeiobermeister den tödlichen Schuss abgab. Er tritt zurück. Vom einflussreichen Regierenden Bürgermeister wird er ein kleiner Gemeindepfarrer in Berlin-Schlachtensee. Aber gerade durch seinen Macht-Verzicht gewinnt Albertz eine Autorität und Glaubwürdigkeit, die bis zu seinem Tode 1993 unzählige, gerade auch junge Menschen faszinierte. Er stand zu seinen Schwächen. In einer Ansprache sagte er später einmal über die Zeit des Rücktritts: „Ich spreche als einer, der viele Erfahrungen und viele Fehler gemacht hat. Ich spreche als einer, der versucht hat, aus seinen Erfahrungen und seinen Fehlern zu lernen. Als ich zurücktrat, war ich wie befreit. Denn man verkommt persönlich, wenn man in einer Position Dinge tun muss, die man nicht mehr verantworten kann. Der Abschied war wohl schmerzlich, aber er brachte vor allem neues Leben. Ich bekam den Mut geschenkt, eigene Fehler zu erkennen und die Bescheidenheit, mich selber in Frage zu stellen, die Kunst, über mich zu trauern, meine Unzulänglichkeit zu sehen, zu erkennen, wer ich in Wirklichkeit bin."

Albertz konnte dies, weil er sich in der Liebe Gottes geborgen fühlte, einem Gott, der eben auch Schuld zu vergeben und schwere Fehlleistungen durchzustreichen weiß. Keine andere Erfahrung hatte ja schließlich auch der König von Ninive gemacht. Denn wie endet die Jonageschichte? „Als aber Gott ihr Tun sah, wie sie sich bekehrten von ihrem bösen Wege, reute ihn das Übel, das er ihnen angekündigt hatte, und tat's nicht." Der Verzicht auf Einfluss und Macht schafft in der Tat neue Möglichkeiten zum Überleben und eine Verhaltensänderung im Blick auf die eigenen Lebensziele. Vielleicht werden auch wir dies einmal in Bereichen erfahren, in denen wir Fehler einzugestehen haben: Nämlich dass uns dann Ehrlichkeit und Offenheit letzten Endes nicht schwächen oder schaden, sondern uns ganz neue Möglichkeiten der Veränderung und Entfaltung schenken werden. In der großen Hoffnung, dass Gott selber ganz gewiss Türen öffnen kann, wo wir manchmal im Scheitern nur verschlossene Fenster sehen; und uns gerade so auch reifen lässt in der Erwartung seines wunderbaren Tuns.

Markus 10,28–30

LIED	EG 678,1+2 (Ausgabe für die Ev. Kirche im Rheinland etc.), Wir beten für den Frieden
GEBET	EG 980, S. 1457
LIED	EG 678,3+4

ANDACHT

Liebe Mitfastende!
Wir sind am Ende unserer gemeinsam erlebten Woche angekommen. Natürlich stellt sich nach so einem Unternehmen die Frage, was es für einen selber persönlich gebracht hat. War der zeitweilige Verzicht auf Essen sinnvoll – über den Gewichtsverlust vielleicht hinaus? Was wird bleiben nach diesen von uns allen zusammen gestalteten Tagen? Was hat man als inneren Gegenwert für die geleisteten Mühen erhalten? Und was wird aus den Beziehungen, die unter uns in der letzten Woche gewachsen sind? Diese Fragen – altertümlich im Lutherdeutsch zusammengefasst: „Was wird uns also

zuteil werden?" – haben genau so die Menschen formuliert, die für die Beziehung mit Jesus eine Menge aufgegeben haben. Deshalb wollen wir mit einer Geschichte über sie unsere diesjährigen Fastenandachten beschließen:

„Da fing Petrus an und sagte zu ihm: Siehe, wir haben alles verlassen und sind dir nachgefolgt. Jesus sprach: Wahrlich, ich sage euch: Es ist niemand, der Haus oder Brüder oder Schwestern oder Mutter oder Vater oder Kinder oder Äcker verlässt um meinetwillen und um des Evangeliums willen, der nicht hundertfach empfange: jetzt in dieser Zeit Häuser und Brüder und Schwestern und Mütter und Kinder und Äcker mitten unter Verfolgungen – und in der zukünftigen Welt das ewige Leben."

Für eine mutige Frage braucht man einen mutigen Menschen. Es ist also nicht umsonst der Sprecher der Jünger, Petrus, der diese dann auch ganz offen dem Herrn gegenüber stellt: Du weißt ja selber, wir haben alles stehen- und liegen gelassen und sind zu dir gekommen. Unausgesprochen schwingt bei diesem Rückblick natürlich die Frage mit, wie man denn unter diesen neuen, recht ungesicherten Bedingungen zukünftig überhaupt überleben kann; sein Leben also zu gestalten vermag.

Denn wir dürfen heute nicht vergessen: Diese ersten Christus-Nachfolger verließen ja tatsächlich ihre Familien, ihren Besitz, ihren Berufsstand, um sich vollständig und ganz auf das unstete Wanderleben ihres Rabbis und Meisters einzulassen. Natürlich hat dem gegenüber niemand von uns in dieser Woche für immer seinen Hausstand aufgelöst, all seinen Besitz verschenkt und den sicheren Job gekündigt. Dennoch gibt es berührende Parallelen. Auch Sie haben in der Tat – zumindest auf Zeit – Ihren normalen Haushalt umgestellt. Vielleicht ist es Ihnen sogar gelungen, eine Woche lang auch für andere nicht kochen zu müssen. Und ich stelle mir darüber hinaus vor, dass Sie sich möglicherweise auch von ganz bestimmten Rollen-Verpflichtungen und einzelnen Beziehungen gelöst haben, um die Funktionen, die Sie sonst vielleicht im Familiengefüge einnehmen, ganz bewusst für einige Tage ruhen zu lassen. Haus und Äcker, also Versorgung, Besitz und Beruf, haben nun tatsächlich einmal für einen begrenzten Zeitraum nicht im Mittelpunkt Ihres Lebens gestanden.

Wozu aber, so frage ich noch einmal zusammen mit Petrus, wozu war das alles gut gewesen. Was erwächst uns daraus? Was wird also auch uns zukünftig zuteil werden? Jesus hört den sorgenvollen Unterton in der Anfrage hinsichtlich der neuen Lebenssituation wohl. Und er antwortet darauf mit dreierlei Akzenten:

1. Hundertfach bekommen diejenigen, die ihr bisheriges Leben wegen Jesus und seiner neuen Lebensbotschaft aufgegeben, verlassen haben, alles zurück: Familienbeziehungen und materielle Grundversorgung. Tatsächlich fand ja die wandernde Schar um Jesus oft genug wohlwollende Aufnahme und Unterstützung in den Häusern der wachsenden Anzahl Jesus-JüngerInnen. Und deshalb würde ich Sie jetzt fragen wollen: Hat die Unterbrechung Ihres normalen Lebensalltags nicht auch Ihnen hier in der Gemeinde neue Beziehungen geschenkt? Freunde vermittelt? Adressen ausgetauscht?
2. Diese neuen Lebensgeschenke, so fährt Jesus fort, geschehen aber noch unter Verfolgungen. Zu seinen Lebzeiten bedeutete diese Aussage ganz konkret, dass mancherlei Vertreter der Öffentlichkeit nicht mit dem neuen Lebensstil der Jesusnachfolger einverstanden waren. Heute könnte diese Wahrheit im übertragenen Sinn so ausgelegt werden, dass manche Erfahrungen, die wir gemeinsam hier in dieser Woche gemacht haben, nicht überall in der Familie, im Freundes- und Kollegenkreis auf ein positives Echo stoßen werden. Vielleicht werden Änderungen und Umstellungen, die wir uns zukünftig vorgenommen haben, sogar offen kritisiert. Das aber sollte dennoch uns nicht abhalten, den von uns als richtig erkannten Weg – etwa hinsichtlich unserer Zeiteinteilung, unserer Beziehungen und Lebensschwerpunkte – selbstbewusst fortzusetzen.
3. Und letztens: Jesus verweist am Ende auf die Erfüllung des Ewigen Lebens in der zukünftigen Welt von Gottes Reich. Die vollkommen neue Gemeinschaft, ein wirklich ganz und vollständig erfülltes Leben erwartet uns alle erst nach diesen, hier auf Erden doch immer nur sehr bruchstückhaften Erfahrungen der neuen Welt Gottes. Aber dass wir auf dem richtigen Weg auf diese Zukunft hin sind, davon sollten wir überzeugt sein und motiviert, die eingeschlagene Richtung konsequent einzuhalten: Also nicht wieder zu schnell im Alltagstrott zu versinken, sondern phantasievoll neue Lebenseinstellungen – die wir hier kennen gelernt haben – auszuprobieren – bis, ja bis wir im nächsten Jahr zum gemeinsamen Fasten wieder zusammenkommen.

7 Bedeutung von Religion

„Heraustreten“

LIED EG 652,1+2 (Ausgabe für die Ev. Kirche im Rheinland etc.), Von guten Mächten treu und still umgeben
GEBET EG 961, S.1446
LIED EG 652,5–6

ANDACHT

Liebe Mitfastende!
In der Fachzeitschrift „Psychologie heute“ erschien im letzten Jahr ein interessanter Artikel über die Bedeutung von Religion heute. Ganz im Gegensatz zu manch landläufigen Meinung wurde darin behauptet, dass Glaube und Religion zu jedem Menschen dazu gehören würden; ja, dass es gerade in unserer sogenannten „postmodernen“ Zeit eine immense Suche nach Orientierung, Halt und Sinnstiftung für das eigene Leben gibt.

Allerdings wird in der besagten Veröffentlichung auch festgestellt, dass es längst nicht mehr nur die Kirchen oder der christliche Glaube sind, die von suchenden Menschen als Orte der Selbstfindung genannt werden. Viele fühlen sich inzwischen in anderen Umgebungen und bei anderen Glaubensrichtungen wohler. Und das wird ihnen niemand übel nehmen wollen. Allerdings sollte es uns als Kirchengemeinde schon zu denken geben, warum vieles von dem, was auch wir mit Sicherheit an Ausstrahlung anzubieten haben, in der letzten Zeit verloren gegangen und verschüttet worden ist.

Meine Erfahrung in der Auseinandersetzung mit solch kritischen Selbstanfragen ist die, das es dabei nicht weiterhilft, wenn wir vergangenen, scheinbar schöneren kirchlichen Zeiten nachtrauern; oder neidisch auf die überfüllten Praxen von Therapeuten oder die Entspannungsräume von Wellnesscentern sehen. Das einzige, was uns auf die geistlichen Beine wieder helfen könnte, ist zu überlegen, was wir denn in unserer Kirche selber als Re-Ligion, hilfreiche Bindung an einen guten, aufbauenden Glauben, wiederentdecken können. Nicht zuletzt auch aus diesem Grund bieten wir Jahr für Jahr diese Fastenwoche an. Offensichtlich fühlen sich durch dieses Angebot auch Menschen angesprochen, die mit manch offiziellem kirchlichen Leben und Verlautbarungen nur noch wenig anzufangen wissen; die sich aber selber trotzdem nicht als „glaubenslos" bezeichnen würden.

In dem erwähnten Artikel aus der Zeitschrift „Psychologie heute" finden sich „Fünf Merkmale der Religion als Mittel zur Selbstfindung." Ich weiß wohl, dass von vielen Theologen – und da schließe ich mich selber gar nicht aus – der psychologische Zugang zum Glauben kritisch beurteilt wird, weil dabei die Gefahr bestünde, die kritische Wahrheit der Bibel auf menschliche Sehnsüchte zu reduzieren. Und doch: bei allen berechtigten Rückfragen möchte ich dieses Jahr versuchen, die vorgeschlagenen „Fünf Schritte" auf unsere Fastenerfahrungen zu beziehen. Ich bin nämlich der Überzeugung, dass all die Phänomene, die hier erwähnt werden, nicht nur hervorragend zu unseren gemeinsamen Erlebnissen während dieser Woche passen, sondern darüber hinaus unserer Kirche wieder eine lebensnahe und menschliche Ausstrahlung schenken würden.

Und so beginnen wir also heute mit dem Satz Nr. 1: „Religion vermittelt ein Heraustreten aus Lärm und Hektik des Alltags." Also, schließen Sie einmal Ihre Augen und sehen Sie sich jetzt selber vor sich, an einem heißen Tag in einem südlichen Land. Den ganzen Vormittag über haben Sie sich schon alte Ruinen angeschaut, Museen besucht, Menschenmassen auf einem Platz im Zentrum der Stadt von einem Café aus an sich vorüberziehen lassen. Da stehen Sie ganz plötzlich und unerwartet vor einer Kirche. Es ist ein altes, gelbbraunes Gebäude. Es lockt Sie von Außen mit einem besonderen Licht herein. Oder mit einer eigenartigen Musik. Oder einem ganz eigenen, ungewohnten Geruch. Da können Sie, die Sie vielleicht schon lange keine Kirche mehr von Innen gesehen haben, nicht widerstehen. Sie drücken den alten Türknauf nach unten und – stehen plötzlich in einem abgedunkelten Raum, der eine ganz eigene Atmosphäre vermittelt.

Still ist es hier, nach dem Lärm auf der Straße. Der Raum wird von Kerzenlicht erhellt. Nachgedunkelte Bilder sind dabei zu erkennen. Auch Statuen fallen auf. Ganz automatisch durchschreiten Sie diesen Ort anders, als die vielen Plätze in den Stunden zuvor. Nach einer Weile suchen Sie sich eine Kirchenbank im hinteren Teil aus, lassen sich mit all Ihren Tüten und Taschen nieder – und beginnen auf eine geradezu erstaunliche Weise sich von allem zu lösen, was Sie während des Vormittags, der letzten Monate, beschäftigt, angeregt, vielleicht sogar besorgt hat. Jetzt, jetzt ist nichts anderes als Stille um Sie, eventuell gerade noch mit einer beruhigenden Orgelmusik untermalt. Und auf einmal bekommen Sie das Gefühl: Irgendwie bin ich – zu Hause angekommen. Sie beginnen nach aller Hektik, die sonst wie selbstverständlich zu Ihrem Alltag gehört, auf die Stille zu hören: Auf sich selber, verborgene Sehnsüchte und geheime Lebenswünsche. Oder Sie registrieren mit einemmal: Was gibt es doch für viele Stationen in Ihrem Leben, die Sie voller Dankbarkeit erfüllen. Oder, auch das kann geschehen, Sie beginnen Ihre Hände zu falten und Gott an diesem besonderen Ort einen ganz persönlichen Kummer zu erzählen, in der Hoffnung, dass er Rat und Hilfe schaffen möge.

Irgendwann aber sind Sie dann mit Ihrem Sinnen und Nachdenken zu Ende gekommen. Sie stehen auf, werfen noch einmal einen Blick in den zauberhaften Kirchenraum – und verlassen diesen merkwürdigen Ort. Draußen, da umfängt Sie zwar wieder das Geknatter der Motorräder – aber Sie, Sie lächeln und sind ein anderer Mensch geworden. Manches hat sich in den vergangenen Minuten geklärt. Von anderem fühlen Sie sich wie befreit. Und Sie zeigen dies anderen mit einem entspannten Gesichtsausdruck, wie beschenkt, beglückt und fröhlich Sie sich jetzt empfinden.

Wenn unsere Kirche nach Veranstaltungen und Gottesdiensten auch solche geläuterten Gesichter entlässt, dann hat auch sie durch eine erste zarte Begegnung verloren geglaubte Menschen wieder erreicht. Nehmen Sie ruhig dieses Bild der Kirche in südlichen Gefilden mit in die nächsten Tage. Heraustreten aus dem Alltag – das kann man doch gerade jetzt auch bei uns erfahren: Durch eine stille Zeit in den eigenen vier Wänden nicht weniger wie bei den zahlreichen, unterschiedlichen Andachten und Gottesdiensten, die wir anbieten. Wenn nur etwas überkommt, aus einer anderen Welt, eine himmlische Atmosphäre, die so im Alltag nicht zu finden ist. Sicherlich, wir können Sie nicht einfach so produzieren. Gottes Geist allein ist es, der hier unnachahmlich wirkt. Aber wenn er es denn will, dann werden auch wir während dieser Woche aus Lärm und Hektik heraustreten. Selbst wenn es nur stundenweise ist. Aber es wird uns eine lichte Wolke voll anderer Gedanken, Erlebnissen, Gefühlen und Hoffnungen umgeben. Tauschen wir uns darüber aus, dann sind wir vom Reich Gottes gar nicht mehr so weit entfernt. Wir lassen uns dann nämlich öffnen für eine größere Welt und eine intensivere Liebe, als wir sie bisher erfahren konnten.

„Größer als wir"

LIED EG 171,1+2 (Ausgabe für die Ev. Kirche im Rheinland etc.), Bewahre uns, Gott, behüte uns, Gott
GEBET EG 958, S.1444
LIED EG 171,3+4

ANDACHT

Liebe Mitfastende!
Erinnern Sie sich: Gestern dachten wir darüber nach, was für eine wunderbare Erfahrung es sein kann, aus dem normalen Alltag – wenn auch nur für kurze Zeit – herauszutreten. In Stille und mancher Abgeschiedenheit begegnet man sich und den eigenen Lebensfragen neu; ja, bietet sich oft eine Gelegenheit, tiefer nach dem eigentlichen Grund unseres Lebens zu fragen, also einen persönlichen Weg zu Gott aufzusuchen. Ich hoffe sehr, dass auch die Tage unserer Fastenwoche – hier und bei Ihnen zu Hause – zu so etwas wie eine heiligen Zeit werden können, in der ich jenseits meines gewohnten Alltags etwas von der Tiefe und dem Zauber des Glaubens erfahre.

Heute nehme ich Sie zur zweiten Station mit, bei der wir ankommen können, wenn wir bereit werden, uns einer anderen Wirklichkeit als der gewohnten zu öffnen. In der gestern erwähnten Zeitschrift „Psychologie heute" wird als nächster Schritt bei der Erfahrung echter Religion beschrieben, dass wir „Gefühl dafür entwickeln, etwas Überwältigendem, Ehrfurcht Einflößendem zu begegnen."

Wir sind ja in unserem normalen Alltag gewohnt, uns über nichts mehr so richtig zu verwundern. Und darüber hinaus leben wir in einer Gesellschaft, die in vielerlei Hinsicht alles geregelt, organisiert und genormt hat. Im Grunde ist es dabei das Ziel, möglichst alle Überraschungen abzuschaffen. Die zahlreichen Kalender und Zeitplaner zeugen oft genug von einem minutiösen Raster und einer präzisen Verwaltung, die alles – und uns selber am besten gleich mit – in der Hand zu haben scheinen. Wunder sind dabei nicht vorgesehen.

Im Grunde genommen haben wir ja in unserer sogenannten „Spaßgesellschaft“ auch schon alles erlebt. Wir haben Fernreisen hinter uns. Geschmackvolle Einrichtungsgegenstände um uns. Stimulanzen, die unser Liebesleben fördern sollen in uns. Menschen, die wir in unser Wertesystem eingeordnet haben, unter uns. Einen Himmel, aus dem nur im Märchen Engel heruntersteigen, über uns. Schwierigkeiten mit der eigenen Mentalität, die unveränderbar erscheint, tragen wir auf uns. Und genormte Abläufe im Haus, im Beruf, Im Wochenablauf haben wir um uns, Tag für Tag, Monat für Monat, Jahr um Jahr. Bis wir selber eines Tages ohne großes Erstaunen unter all diesem so unendlich Gewohnten – begraben liegen werden.

Und doch, es geschieht im Raster dieses genormten Lebens immer wieder das Wunder, dass wir wie von einem Blitz getroffen werden und uns dabei Überwältigendes begegnet. So ein Ereignis kann völlig unterschiedliche Formen annehmen; und wir sollten uns hüten, uns oder anderen vorschreiben zu wollen, auf welche Art dieses Geheimnisvolle, Ehrfurcht Einflößende, Göttliche in unser Leben treten wird. Die Bibel bietet, ganz im Gegensatz zu unserer nüchternen Einstellung ein sehr, sehr buntes und vielfarbiges Kaleidoskop der Wundern an. Überwältigt werden da z.B. Menschen von Feuer und Wolken, von Lichtvisionen und Engeln, von Träumen und Wasserfluten, von Blitzen und Lärm, von Düften und Stille, von unvorstellbaren Gefühlen also. Und wenn wir in der Kirchengeschichte weiter blättern, dann sind es genau solche wundersamen Erscheinungen gewesen, die Menschen inmitten ihres geregelten Alltags aus der Bahn warfen. Martin Luther etwa begegnet einem schrecklichen Unwetter – und inmitten dieser Gewalten entschließt er sich, ein Mönch zu werden. Sein Namensvetter, Martin Luther King wird nach seinem Einsatz für Bürgerrechte in den Südstaaten der USA persönlich bedroht, sitzt eines abends in der Küche und beschreibt anschließend die Begegnung mit etwas Höherem so: „Ich war an dem Punkt angekommen, wo ich nichts mehr verkraften konnte. Ich war vollkommen schwach. In dem Moment merkte ich, dass Religion wirklich lebendig für mich werden musste. Und so begann ich zu beten und zu sagen, dass ich am Ende wäre. Und dann war es so, als ob ich in diesem Moment eine innere Stimme zu mir sprechen hörte, die sagte: Martin Luther, steht auf für die Wahrheit! Ich hörte daraus die Stimme Jesu, er mir sagte, nicht aufzugeben. Er versprach mir, mich nie, niemals allein zu lassen. Niemals allein. Und meine Ängste verschwanden."

Und nun möchte ich Sie einfach bitten, sich – vielleicht gerade während dieser Woche – neu zu öffnen für eine Begegnung mit dieser faszinierenden Gestalt göttlicher Herrlichkeit. Die Orte solch überwältigender Begegnung können sehr vielschichtig sein. Das Wunder kann z.B. hervorgerufen werden beim Anblick eines grandiosen Naturschauspiels in den Bergen, beim Wasser, im Lichte unvorstellbarer Farben. Interessanterweise spielt dieser Aspekt von Naturschönheiten und -gewalten auch in biblischen Begegnungen mit dem Göttlichen eine gewichtige Rolle. Gott tritt einem dort auf einem rauchenden Berg entgegen oder mitten in den Wassern eines wilden Flusses oder in der unbeschreiblichen Stille der Wüste. Warum sollte er also nicht auch Ihnen in Naturerfahrungen auf ungewöhnliche Art begegnen können? Manchmal bedarf es nur einer inneren Bereitschaft zu solcher Begegnung, um überwältigt zu werden von Wundern, die uns umgeben und die wir bisher nicht wahrzunehmen vermochten.

Ehrfurcht einflößen – das können auch erfüllte Begegnungen mit Menschen, überraschende Erlebnisse und beglückende Stunden im beruflichen Umfeld, ein Überwältigwerden von Musik, Theater, bildliche Kunst, oder auch von der Heiligkeit eines Kirchengebäudes (wie wir gestern sahen). Alles kommt darauf an, dass wir uns diesen zahlreichen Möglichkeiten der Begegnung mit dem Göttlichen nicht verschließen. Ich weiß wohl, nicht alles, was uns hier begegnet, muss einen religiösen Hintergrund haben. Aber es wird uns zumindest immer wieder die Chance angeboten, durch Erstaunen und Aufschrecken, Erwachen und Sich-Verwundern für eine Begegnung mit Gott, Jesus und seinem Heiligen Geist so vorbereitet zu werden, dass unser Leben in ein neues, göttliches Licht getaucht wird. Dabei dürfen wir einem Gegenüber begegnen, der größer ist als unsere Zweifel und Schwachheiten, größer auch als unser (begrenztes) Herz (1. Joh 3,20). Wir begegnen nämlich dabei dem Grund allen Lebens. Wir begegnen dabei nämlich der Fülle göttlicher Liebe.

„Ich bin anders“

LIED EG 664,1+2 (Ausgabe für die Ev. Kirche im Rheinland etc.), Wir strecken uns nach dir
GEBET EG 926, S.1427
LIED EG 664,3

ANDACHT

Liebe Mitfastende!
Wir versuchen, die Andachten während dieser Woche unter das Leitthema zu stellen, wie Glaube und Religion den Blick auf uns und unsere Welt weiten. Wir begannen, Sie entsinnen sich, am Samstag mit der Beschreibung des Schrittes, der aus der allgemeinen Hektik und dem Lärm des Alltags herausführt. Wir versuchten danach das Gefühl zu beschreiben, das sich ergibt, wenn wir in unterschiedlichsten Formen von der Größe Gottes überwältigt werden. Heute möchte ich gemeinsam mit Ihnen darüber nachdenken, was mit uns selber eigentlich passiert, wenn wir uns – auch während dieser Fastenzeit – aus manchen gewohnten Abläufen und Verhältnissen herausziehen und uns plötzlich selber ganz neu erleben.

Normalerweise füllt jeder und jede von uns eine Fülle von Rollen aus, die wir über Jahre hin eingeübt haben. Ihnen versuchen wir nach bestem Vermögen gerecht zu werden. Von jüngeren Menschen z.B. wird ein gehöriges Maß an Leistungsbereitschaft und Wissensbeschaffung erwartet. Liegt die Ausbildung hinter einem, dann wird man vor allem danach beurteilt, inwieweit man sich als interessiert, zuverlässig und pflichtbewusst erweist. Das ist gar nicht zu kritisieren, sondern ein natürlicher Entwicklungsprozess: Wer sich selber einbringt, behauptet dabei eine bestimmte Position. Und dabei kann es durchaus hilfreich sein, ab und an über die gewohnten Maßen hinaus gefordert zu werden. Nur so entdeckt man nämlich manchmal vieles, was in einem noch verborgen liegt. Bedenklich aber kann es zwischen jüngeren Menschen dann werden, wenn sie sich nur noch im Wettkampf erleben; also allein Leistungskriterien über ihren Wert oder Unwert entscheiden.

Genau das aber ist der Punkt, mit dem wir Erwachsenen uns eigentlich Tag für Tag auseinandersetzen müssen. Ein jeder und eine jede von uns versucht nämlich nach bestem Vermögen und Können und Wissen, die Rollen, die wir freiwillig oder manchmal auch gezwungen übernommen haben, möglichst perfekt zu erfüllen. Wir sind Organisatoren unseres Haushalts. Wir sind Ehemänner und -frauen. Wir füllen die Pflichten von Eltern aus. Wir nehmen eine bestimmte Stellung im größeren Familienverband ein und haben Funktionen im Freundeskreis und Verein. Das klingt selbstverständlich. Problematisch aber wird es, wenn über diese angezeigten Beziehungen hinaus keine weiteren Lebenserfahrungen des eigenen Ich's mehr möglich sind.

Aber weiter: Wir begegnen darüber hinaus vielen Erwartungen, die uns außerhalb von Haus und Familie begegnen. Wir haben Berufe gewählt, die in unterschiedlicher Weise ein gehöriges Maß an Verantwortung von uns verlangen. Da geht es um Selbstbehauptung und Kreativität, um Durchsetzungsvermögen und immer wieder auch um eine gehörige Portion Geduld und Fingerspitzengefühl. Natürlich erleben wir dabei neben allen Anstrengungen auch Anerkennung, Wertschätzung und erfüllte Arbeitstage. Aber auch hier: Gefährlich einseitig kann es für uns werden, wenn wir uns ausschließlich über das definieren, was wir in diesem Bereich leisten. Das Problem ist dann, dass viele andere, wichtige und schöne Seiten unserer Person zu kurz kommen oder auch gar nicht mehr wahrgenommen werden.

Religion hingegen, so beschreibt als dritten Punkt die schon erwähnte Studie aus der Zeitschrift „Psychologie heute", schenkt die Möglichkeit, sich einmal auch völlig anders als gewohnt zu erfahren. Jenseits aller Rollen- und Leistungserwartungen darf man sich hier als reich beschenktes Gotteskind erfahren. Sie alle kennen doch z.B. diese Verwandlung, die mit uns einsetzt, wenn die ersten Umstellungstage in den Ferien hinter uns liegen; und man sich plötzlich als einen Menschen erlebt, der viel weiter und reicher und lebendiger ist, als es die Alltagsrollen zugelassen haben. Man spürt Sehnsüchte real werden, die man sich vorher so nie erlaubt hätte. Oder entdeckt Fähigkeiten, die man sich niemals zugetraut hat.

Nichts anderes will die Begegnung mit Gott in Ihnen wecken. Für ihn sind Sie nämlich ein vielschichtigeres Wesen, als Sie sich selber in der Normalität erfahren. Gott nämlich liebt Sie jenseits aller Leistungserwartungen. Er bringt Saiten in Ihnen zum Klingen, die Sie selber vorher nicht gehört haben. Er sieht Sie in einem überwältigenden Seinszusammenhang. Und diesen Reichtum kann man in der Stille, im Heraustreten aus dem Alltag, auch während einer Fastenwoche neu erfahren.

Und ein zweites ist in diesem Zusammenhang wichtig. Sie brauchen einmal eine Woche lang nichts zu sein und nichts zu tun. Sie können sich hier auch einmal bedienen und beschenken lassen. Niemand achtet im Moment darauf, ob Sie irgend etwas produzieren oder wo Sie heute überall herumgewerkelt haben. Für Gott sind Sie auch ohne erfüllte Rollenerwartungen und Leistungsergebnissen kostbar, wertvoll und liebenswert. Wahrscheinlich ist dies das Hauptgefühl, das wir alle zum Leben brauchen: Nämlich dass wir geliebt werden, auch ohne dass wir uns ständig Liebkind machen müssen.

Erfahren wir diese Annahme und die Neuentdeckung vieler unsichtbarer Fähigkeiten, dann werden wir, wer weiß, in ein paar Tagen mit einem ganz neuen, frischen Elan unsere Rollen angehen. Weil wir den geheimnisvollen Lebensrahmen wiederentdeckt haben, in dem wir täglich von Gott geliebt und gehalten werden.

Begegnung mit dem Geheimnis

LIED EG 395,1+2 (Ausgabe für die Ev. Kirche im Rheinland etc.), Vertraut den neuen Wegen
GEBET EG 881, S.1405
LIED EG 395,3

ANDACHT

Liebe Mitfastende!
In unserer Begegnung mit Glaube und Religion befinden wir uns heute auf der 4. Etappe. Erinnern wir uns noch einmal: Wir setzen uns am ersten Abend in Bewegung, um zunächst einmal Abstand zu gewinnen von der gewohnten Unruhe, die uns umgibt. Ich würde mich sehr freuen, wenn schon die wenigen vergangenen Tage mit dazu beigetragen haben, dass Ihnen ein Rückzug in die Stille geschenkt wurde. Im Anschluss daran versuchten wir gemeinsam darüber nachzudenken, wo uns in unserem Leben etwas Überwältigendes begegnet. Mag ja durchaus sein, dass Sie in dieser Zeit hier oder auch bei sich zu Hause das Gefühl entwickelt haben, Gott und seiner Schöpfung neu begegnen zu können. Staunen haben Sie vielleicht auch dabei wieder gelernt. Und schließlich versuchten wir, uns selber zu erfahren als Menschen, die jenseits aller Rollen und Leistungserwartungen einmalige Gotteskinder sind, in

denen – über das Gewohnte hinaus – eine Fülle anderer Möglichkeiten verborgen liegen.

Sicherlich sind Sie gespannt, wie an diesem Tag unsere 4. und vorletzte Station auf dem Weg zur Begegnung mit dem Göttlichen aussieht. Vielleicht beschreibe ich sie einmal so: Eine lange Zeit haben wir in der Moderne mit dem Bewusstsein gelebt, wir könnten alle Geheimnisse der Welt entschlüsseln. Das 19. Jahrhundert war so etwas wie die Hoch-Zeit optimistischer Weltentdeckung. Was wurde in diesen Jahren nicht alles erfunden, neugierig untersucht, wissenschaftlicher erforscht, entdeckt und voller Enthusiasmus voran getrieben? Man bekam den Eindruck: Alle Geheimnisse der Welt können nach und nach entschlüsselt werden. Man erkannte das Herkommen des Menschen und legte die einzelnen Bausteine der Schöpfung frei. Man erfand unglaubliche Neuerungen in der Technik und zahlreichen Arbeitsprozessen. Möglich wurde dies u.a. durch das Weltbild von Aufklärung und Neuzeit, das den Menschen als einen frohgemuten Unternehmer verstand, der voller Tatendrang, Phantasie und Elan im Aufbruch begriffen war, die ihn umgebende Welt bis in ihre letzten Winkel zu erforschen.

Heute wissen wir, dass vor allem die Kriege des letzten Jahrhunderts diesem Fortschrittsoptimismus ein jähes Ende setzten und auf sehr grausame Art und Weise aufzeigten, wie wenig berechenbar – trotz all seines Wissens und Könnens – der Mensch letzten Endes bleibt. Er bleibt: Ein Geheimnis! In unserer Zeit aber meldet sich das Bewusstsein menschlicher Entdeckerfreude auf einem anderen Sektor wieder lautstark zu Wort. Denn in der sogenannten Postmodernen Welt entwickelte sich die Meinung, dass im Grunde genommen alles, aber auch wirklich alles, offen und diskutierbar und durchschaubar sei; und es also letzten Endes keine Tabus und keine Geheimnisse unter uns mehr gäbe. Die Computerisierung unseres Lebens leistet dieser Offenlegung aller denkbaren Ideen gewaltigen Vorschub. In Sekundenschnelle kann ich an anderen Orten, Zeiten, bei neuen Themen und Menschen sein. In unglaublicher Fülle kann ich mir Informationen über die entferntesten Tatsachen besorgen. Und: Ich kann mich in Bild, Sprache und Ton bei einer virtuellen Selbstdarstellung bis zur Selbstentblößung offenbaren; ohne dabei meine Anonymität preisgeben zu müssen. Es ist wie in vielen Talkshows: Über alles darf geredet werden, selbst die intimsten Geheimnisse werden preisgegeben; weil es im Bewusstsein vieler Zeitgenossen nichts mehr geben soll, was rätselhaft bleibt.

Andererseits gibt es mir sehr zu denken, das parallel zu dieser Entwicklung ein „Run“ auf Phantasie-Filme in den Kinos eingesetzt hat. Und dieses Interesse vieler Menschen an, sagen wir einmal, verschlüsselten, geheimnisvollen, märchenhaften Themen und Bildern verrät, dass es eine übergroße Sehnsucht gibt nach etwas, das eben nicht in ein technisches Koordinatensystem passt. Unsere Mitmenschen in der scheinbar aufgeklärtesten aller Gesellschaften spüren, dass es neben allem technisierten Leben doch noch eine andere Dimension gibt. Und sie bricht sich auch immer wieder unaufhaltsam ihre Bahn. Oft begegnen die Menschen der Rätselhaftigkeit und Unerklärbarkeit ihrer Welt, wenn sie an bestimmte Grenzen geführt werden. Dann merken sie: Menschliches Leben ist nie völlig berechenbar; es bleibt in vielen Bereichen verletzlich, undurchschaubar und unverständlich. Wer sich unter uns – und wer hätte das noch nicht? – mit Schmerzen, Abschieden, Verlust, Krankheit und Sterben auseinandersetzen musste, der weiß, wie begrenzt das eigene Können und Verstehen sein kann. Und das betrifft natürlich umgekehrt ganz genauso all diejenigen unter uns, die in unplanbarer Weise zauberhafte Momente von Glück, Liebe, Erfüllung und Erfolg erfahren durften. Beide Seiten unserer Existenz bleiben höchst offen, überraschend, ungewöhnlich vielschichtig und rätselhaft.

Und nun ließen sich Menschen, denen solcherart Unerwartetes, Unberechenbares in ihrem Leben geschehen ist, davon nicht verunsichern. Sie ahnten und sahen in diesen Erfahrungen viel eher Zeichen, die sie mit Gott in Verbindung bringen sollten. Sie lernten dabei, neu zu staunen über Lebensmöglichkeiten, die sie nicht planen und berechnen konnten. So entdeckten sie auf einmal Religion als einen Ort, an dem man genau diesem Unerklärbaren sein Recht ließ, es anbeten konnte – ohne es manipulieren zu wollen. Viele Menschen der Bibel haben so in sehr unterschiedlichen Situationen Gott als ein Gegenüber erlebt, der gerade auch in unerklärlichen Lebensphasen sehr präsent war. Sie spürten ihn in allem auf, was hinter der Rätselhaftigkeit neues Leben und tiefe Erfüllung versprach. Wenn auch wir in diesen Tagen wieder solch einen Zugang zum göttlichen Geheimnis des Leben finden, dann hat sich diese Zeit wahrlich gelohnt.

„Aufgehoben“

LIED EG 432,1+2 (Ausgabe für die Ev. Kirche im Rheinland etc.), Gott gab uns Atem, damit wir leben
GEBET EG 1002, S.1469
LIED EG 432,3

ANDACHT

Wir sind am Ende unserer Fastenwoche angekommen. Vielleicht kommt sogar ein bisschen Wehmut unter uns auf, weil wir nun unseren letzten gemeinsamen Abend gestalten. Denn wir haben viel zusammen erlebt: Wir sind herausgetreten aus dem Alltag und haben uns ganz bewusst einen Ort gesucht, der uns in der Stille neue Begegnungsmöglichkeiten geschenkt hat. Dann sind wir weitergegangen und haben die Erfahrung gemacht, dass wir in unterschiedlichen Formen uns der Größe Gottes nähern durften. Und weiter: Wir haben uns als Menschen erlebt, die jenseits aller festgeschriebenen Rollen sich selbst und andere in dem verwandelten Licht von Gotteskindern sehen durften. Und schließlich sind wir gestern zur Einsicht gelangt, dass nicht die Erklärbarkeit aller Dinge, sondern die Rätselhaftigkeit des Lebens im Lichte der Liebe Gottes den höchsten Glaubenswert besitzt.

Zuletzt nehme ich Sie heute in Gedanken zu einem besonders schönen Ort mit. Sie alle werden sicherlich eine Stelle bei sich zu Hause haben, die Ihnen besonders lieb ist. Dort, in der Ecke auf der Couch, in einem alten Lehnstuhl vielleicht oder im Sommer draußen auf einem sonnenbeschienen Rasenfleckchen, dort fühlen Sie sich aufgehoben, beschützt, entspannt, sicher und geborgen. Hier kann Ihnen niemand auf unangenehme Weise zu nahe kommen. Und hier vor allem anderen dürfen Sie sich genau so verhalten, dürfen Sie so reden, dürfen Sie sich so anziehen und aussehen, wie Ihnen gerade danach zu Mute ist und wie Sie allein es bestimmen.

Dieser Schutzort hat eine gewichtige Funktion. Er ist eine Quelle des Lebens, die jeder Mensch braucht, ein Platz zum Kraftschöpfen, eine Stelle der Entspannung und tief verwurzelter Sicherheit. Und die besondere Auszeichnung für diesen Flecken voller Geborgenheit ist eben die, dass wir umgekehrt in vielen anderen Bereichen unseres Lebens uns durchaus unbehaust, verletzbar, kritisierbar und begutachtet fühlen. So richtig sicher kann man in der Tat an keinem öffentlichen Ort sein. Wer kann schon vorher sagen, ob es nicht im Kollegenkreis am heutigen Tag zu Sticheleien kommen, oder gar massive Kritik am eigenen Verhalten geäußert wird? Wer kann schon sicher sein, dass er nicht belächelt oder mitleidig angesehen wird, weil er im normalen Alltag auch einmal seine Müdigkeit, seinen Frust, seine Enttäuschung zeigt? Es kann ein recht kühler Wind in unserer Welt wehen, in den Schulen und Betrieben, in den Kanzleien und Büros, der uns immer wieder signalisiert, dass wir nie ganz unbeobachtet oder gefahrlos unsere Alltagswege ziehen und unsere Alltagsaufgaben zu bewältigen haben.

Es ist sicher richtig, das es deshalb eine gewisse Sachlichkeit, eine gewisse Reserviertheit, eine gewisse Nüchternheit im täglichen Umgang untereinander geben muss. Man ist eben nicht mit allen befreundet, und man kann auch niemandem zumuten, sich ständig mit der launischen Befindlichkeit der Kollegin auseinandersetzen zu müssen. Problematisch wird die Sache nur dann, wenn ich in meinem Alltag überhaupt keine Stelle habe, an der ich mich hundertprozentig akzeptiert, geliebt, angenommen, bejaht, beschützt und aufgehoben fühle. Einen Ort also, an dem ich ganz genauso sein, ganz genauso fühlen darf, wie es mir im Moment ums Herz ist. Manchmal aber reicht für dieses Gefühl selbst die gemütlichste Couchecke nicht mehr aus. Da kann es noch so schön um uns herum sein mit entspannendster Musik und einem aufmunterndsten Buch und den allerschönsten Gartenblicken – trotzdem, trotzdem fühlen wir uns ungeborgen, vielleicht sogar verängstigt, sorgenvoll und allein.

Die Bibel hat diese Gefühle der Menschen immer sehr ernst genommen: „Ich hebe meine Augen auf zu den Bergen, woher kommt mir Hilfe?“ (Ps 121,1), hat sie z.B. formuliert, um damit sagen zu wollen: Wir stehen auf unseren Lebenswegen immer wieder vor mancherlei Hindernissen und Riesenbergen, die einschüchtern wollen und recht bedrohlich wirken. Das Gefühl der Heimat scheint dann weit entfernt. Aber immer wieder haben dieselben Menschen Antworten auf diese verängstigten Fragen gefunden: „Meine Hilfe kommt von dem Herrn, der Himmel und Erde gemacht hat. Er wird deinen Fuß nicht gleiten lassen und der dich behütet, schläft nicht.“ (Ps 121,2f). Sie erfuhren, dass es bei aller Bedrohung einen Ort gibt, an dem sie sich ohne Einschränkung geborgen und aufgehoben fühlen durften, wo sie also so sein konnten, wie sie nun einmal waren, ja sich sogar völlig fallen lassen, gehen lassen durften.

Der alte Tempel wurde als so ein Ort erfahren, an dem Gott seine Flügel über wandernde und unbehauste Menschen ausbreitete, damit sie in seinem Heiligtum ein tiefes Gehaltenwerden empfanden. Ihnen wurde neues Leben zugesprochen, gute Worte, die aufbauten. Steine, die auf das Herz drückten, wurden entfernt und Schuldscheins durchgestrichen. Sie erlebten damit, dass sie geliebt und akzeptiert wurden, und deshalb auch nach dieser großen Stärkung getrost ihren Weg zurück in den Alltag hinein finden konnten.

Sehen Sie, diesen Sinn sollte auch die diesjährigen Fastenwoche für Sie alle haben. Sie sollten sich in unserer Gemeinde wie unter Gottes Händen aufgehoben fühlen. Mag sein, dass Sie dabei wirklich so etwas wie ein Gefühl für eine neue Heimat erlebten, eine Heimat, in die Sie im Übrigen immer wieder zurückkehren dürfen und die für Sie immer offen steht. Ob sich aber hier die Kirchentüren für Sie öffnen oder Sie an einem andern Ort Gottes Schutz und Beistand erfahren: das Wichtigste dabei bleibt nur, dass Sie auf den Wegen, die Sie ab morgen wieder allein gehen werden, wissen, wo es für Sie ein zu Hause gibt. Dort wird Ihnen dann immer wieder das begegnen, was wir in dieser Woche beleuchtet haben: Die Erfahrung von Ruhe; das Gefühl, von Überwältigendem; das neue Erleben der eigenen Person; die Begegnung mit dem Rätselhaften und nicht zuletzt das Gefühl der Geborgenheit und des Sich-Gehen-Lassen-Könnens. Halten Sie die Augen für diese Erfahrungen mit Gott offen und lassen Sie sich, wann immer Sie es wollen, hier in unserer Gemeinde recht herzlich willkommen heißen.

8 Engel

Genesis 3,24

LIED EG 667,1–3 (Ausgabe für die Ev. Kirche im Rheinland etc.), Wenn das Brot, das wir teilen
GEBET EG 980, S.1457
LIED EG 667,4+5

ANDACHT

Liebe Teilnehmer und Teilnehmerinnen an unsrer Fastenwoche! Immer hat uns *ein* Thema miteinander verbunden, wenn wir gemeinsam den ja nicht immer einfachen Weg durch diese Tage geistlicher und körperlicher Erneuerung gegangen sind. So soll es auch in diesem Jahr sein. Aus irgendeinem Grund, den ich vergessen habe, hatte ich mir schon bald nach unserem vorjährigen Treffen eine Notiz gemacht, doch beim nächsten Mal eine Andachtsreihe über „Engel" zu halten. Ohne allerdings zu wissen, auf was ich mich dabei einlassen würde. Denn die Engelwesen, die mir beim Blätter durch die Bibel sozusagen entgegenflogen, hatten so gut wie gar nichts mit den pausbackigen Wesen bayrischer Barockkirchen gemein. Fremde, manchmal sogar unheimliche Gestalten waren es stattdessen, oft mit unerwarteten und ungewöhnlichen Botschaften ausgestattet. Mit der Zeit spürte ich aber, dass es vielleicht gerade diese überraschenden Erscheinungen sind, die wir in unserer Zeit besonders nötig haben. So lade ich Sie also – beginnend mit diesem Abend – ein, sich für die Begegnung mit unbekannten Engelwesen der Bibel zu öffnen.

Ganz zu Beginn, schon auf den ersten Seiten der Bibel tauchen mehrflügelige Gestalten auf, die zwei Menschen einen Rückweg versperren. Aber der Reihe nach: Die beiden Menschen im Paradies, Adam und Eva, haben das Vertrauen Gottes verspielt. Sie sind der Versuchung erlegen, von einer Frucht zu essen, die sie zu dem machen würde, was sie nie sein sollten: Nämlich gottgleich zu leben und zu handeln. Die Konsequenzen derartigen Größen-Wahnsinns sind auch unserer Zeit nicht fremd. Menschen verlassen auch heute ihre Bestimmung als Geschöpfe, die achtsam pflegen sollten, was ihnen anvertraut wurde; und schwingen sich stattdessen zu allmächtigen Herrschern über Tod und Leben auf. Eine derartige Überheblichkeit endet niemals gut. In der alten Geschichte müssen die beiden ersten Menschen den Paradiesgarten verlassen. Zuvor wurde ihnen noch eröffnet, dass ab sofort kein fertig bebauter Lebensacker mehr bereit liegen würde. „Mit Mühsal sollst du dich nähren dein Leben lang." (Genesis 3,17) heißt es wörtlich. Und dann folgt der Satz: „Und er trieb den Menschen hinaus und ließ lagern vor dem Garten Eden die Cherubim mit dem flammenden, blitzenden Schwert, zu bewachen den Weg zu dem Baum des Lebens."

Das scheint nun wahrhaftig kein einfühlsamer Text zu Beginn einer Fastenwoche über das Thema „Engel" zu sein. Wie viel schöner wäre es gewesen, wenn wir gleich zu Beginn etwas von gutmütigen, liebevollen Wesen hören würden, die uns auf ihren Flügeln über die Schwierigkeiten unsers Alltags hinwegtragen würden. Ich bin mir allerdings gar nicht so sicher, ob dieses schöne Bild märchenhafter Geborgenheit uns in entscheidenden Momenten wirklich weiterhelfen würde. Denkbar ist stattdessen, dass die nüchterne Ehrlichkeit unserer alten Erzählung letztlich viel befreiender für unser Leben sein kann.

Bleiben wir im Bild: Vor dem traumhaften Paradies, das wir allesamt mit unserer Maßlosigkeit und Gier verspielt haben, stehen immer noch Engel mit flammenden Schwertern und versperren uns den direkten Zugang. Genau das ist unsere Lebensrealität: Es gibt eben keinen einfachen und direkten Weg in den Garten der Schönheit und Erfüllung. Es stehen Engel vor dem Tor zum Leben und – tja und schicken uns hinaus ins eigene Leben, um in den Jahren, die uns noch geschenkt werden und auf Wegen, die wir noch entdecken sollen, ans Ziel unserer Person zu gelangen. Das ist ein schwieriger und mühevoller Weg. Im Fall Adams und Evas führt er über schmerzhafte Geburten, die anschließende herausfordernde Kindererziehung bis hin zur schweißtreibenden Bebauung der Äcker dieser Welt. Wir erkennen uns wieder: Der Weg zu einem wirklich gelungenen Leben in stimmiger Umgebung führt eben über den Einsatz aller vorhandenen Fähigkeiten und Begabungen. Es ist ein kräftezehrendes Unternehmen, aber anders nicht zu bewerkstelligen: Ins Paradies führt der Weg nur über die Straße, die wir selber gehen: Mit Ideen, Einsatz, Durchhaltevermögen – und manchmal eben auch mit Fasten.

Da erscheinen mit einemmal die feurigen Engel an der Paradiesestür nicht mehr als Zerberusse, die den Weg versperren, sonder eher als wohlmeinende Helfer zu einem ehrlich verdienten Leben. Sie versperren nämlich mit Recht die Flucht ins süße Nichtstun. Sie richten ihre Schwerter auf eine Zukunft aus, die wir uns erst noch erarbeiten müssen. In diesem Zusammenhang denke ich übrigens auch an Menschen meines Lebens zurück, die ich zunächst auch als solche Engel mit dem Flammenschwert erlebt habe. Sie haben es mir oft genug schwer gemacht, den Zugang zu einem Schulfach, zum Verständnis von Musik, zur Ausübung beruflicher Tätigkeiten zu finden. Sie haben mich dadurch gezwungen, meinen eigenen Weg zur Verwirklichung zu suchen. Immer wieder haben sie mich nach draußen geschickt, wenn ich mich lieber etwas behäbig im Schatten der Paradiesbäume ausruhen wollte. Manchmal habe ich diese Lebensengel auch als unsensibel empfunden. Und manchmal sogar im Stillen verflucht. Heute weiß ich, wozu ihr ausgestreckter Arm da war. Er wies mir konsequent den Weg zu einem Leben, das schwierig und anstrengend war und oft auch über meine Kräfte ging und in dem mir vieles nicht geschenkt wurde. Aber ihr Fingerzeig bewahrte mich vor einem sinnlosen Herumstehen vor verschlossener Paradiesestür. Sie konnte ich mir nur selber erobern und eröffnen, indem ich phantasievolle Zugänge umzusetzen versuchte. Missmutig und faul an ihnen herumzukratzen half da wenig. Wenn sich also wieder einmal auch in Ihrem Leben solche Cherubim vor Ihnen aufbauen, dann werden Sie nicht gleich böse auf sie. Empfinden Sie sie nicht als Hindernisse auf dem Weg zur Lebenserfüllung; sondern als Engel, die zu Ihrem Glück im Wege stehen.

Psalm 91,10–13

LIED	EG 664,1+2 (Ausgabe für die Ev. Kirche im Rheinland etc.), Wir strecken uns nach dir
GEBET	EG 918, S.1423
LIED	EG 664,3

Liebe Mitfastende!
Sicherlich erinnern Sie sich: In dieser Woche werden uns die unterschiedlichsten Engel aus biblischen Texten begleiten. Und dabei stellt sich natürlich auch immer gleich die Frage, ob diese himmlischen Wesen nur Erschienungen aus heiligen Urtagen sind oder auch noch heute unser Leben mit ihren Flügeln berühren.

Ganz anders als die gestrige Geschichte vom Cherub mit dem flammenden Schwert ist heute ein Ausschnitt aus einem Psalm, einem alten Gebet aus der Frühzeit Israels. Er trägt den Titel „Unter Gottes Schutz" und beschreibt zunächst einmal Lebenssituationen, die bedrohlich werden können: Böse Menschen, die einem nichts Gutes wollen; Krankheiten mitsamt ihren nächtlichen Ängsten; schließlich auch einen drohenden gewaltsamen Konflikt. Dann aber heißt es weiter:

„Es wird dir kein Übel begegnen, und keine Plage wird sich deinem Hause nahen. Denn er hat seinen Engeln befohlen, dass sie dich behüten auf allen deinen Wegen, dass sie dich auf den Händen tragen und du deinen Fuß nicht an einen Stein stoßest. Über Löwen und Ottern wirst du gehen und junge Löwen und Drachen niedertreten." (Ps 91,10–13)

Das ist ein Traumtext und klingt wie ein Märchen und scheint damit so weit von unserer Lebensrealität entfernt zu sein wie die Erde von der Sonne. Deshalb gibt es jetzt wahrscheinlich auch manch' skeptische Geister unter uns, die dieses verklärte Bild in den Bereich der Märchenoper „Hänsel und Gretel" verbannen wollen; weil nur dort gesungen werden darf: „Abends, wenn ich schlafen geh, vierzehn Engel um mich steh'n."

Gar keinem Übel begegnen zu müssen: Ja, wo in aller Welt hätte denn diese wundersame Erfahrung einen Anhalt in meinem Leben? Wer unter uns wüsste denn nicht von diesen üblen Tagen zu berichten, an denen etwa Lebensentscheidungen falsch getroffen wurden? Oder etwa andere Menschen ganze Übles über einen gedacht und es dann womöglich auch noch in die Tat umgesetzt haben; so, dass einem selber nicht nur innerlich übel davon wurde. Unser Leben durchziehen eben manch' üble Begegnungen und Erfahrungen, die von Außen auf uns zukommen, und denen wir uns kaum vollständig entziehen können.

Und dann weiter: Keine Plage soll sich deinem Hause nähern? Das mag jetzt etwas ironisch klingen, aber mir würden schon genügend Gesichter einfallen, die sich mehr als einmal als rechte Plagegeister meinem Hause nähern. Es kann auch zu einer großen Mühe und Plage werden, wenn man sich in manchen Arbeitsbereichen regelrecht überfordert fühlt. Ich plage mich ab, sagen wir dann, mit diesem Menschen und jener kaum zu meisternden Lebensaufgabe. Oftmals ahnen wir sehr rasch, wenn sich auch nur von Ferne solch' eine Plage unserm Haus nähern will, und die Atmosphäre in unseren vier Wänden verdunkelt.

Und schließlich: Über Löwen und Ottern und Drachen sollten wir tatsächlich einfach so hinwegtreten können, während nichts und niemand uns dabei schaden kann? Tatsächlich: Die Märchenwelt scheint dabei kein Ende nehmen zu wollen. Da liegen ja tatsächlich unter unseren Füßen giftige Elemente und ihre gefährlichen Waffen sollen überhaupt keine Auswirklungen auf uns haben? Aber gibt es nicht genügend Lebenskonstellationen, die die höchsten Gefahrenstufen beinhalten: Bedrohliche Erkrankungen oder kaum zu bewältigende Weltprobleme mit ihren Gewaltpotentialen in den Händen unberechenbarer Menschen: Löwen und Ottern und Drachen eben? Und auch hier soll mir kein einziger giftiger Biss in meine Ferse widerfahren?

Die Bibel weiß, dass solch ein Überleben aller Übel, aller Plagen und aller giftigen Lebewesen schlicht und einfach ein Wunder ist. Wir sind es mit Sicherheit nicht allein, die es geschafft hätten, die gefährlichen Bedrohungen unseres Lebens bis zum heutigen Tag zu über-leben. Wer war es denn aber dann? In der Tat, es waren Engel, wird uns erzählt. Engel, die einen Marschbefehl von höchster Stelle erhalten haben, um uns auf allen Wegen zu behüten, uns auf den Händen zu tragen und unsere Füße vor den Steinen der Welt zu bewahren. Solche Wesen sind mehr als einmal um uns gewesen, um das Schlimmste aufmerksam von uns abzuhalten. Deshalb, sagt die Bibel, nur aus diesem Grund sind wir heute noch am Leben.

Nun weiß ich wohl, dass solcherart Engel oftmals unsichtbar an unserer Seite gewesen sind und uns vor Schlimmerem bewahrt haben. Und dennoch werden Sie es jetzt sicherlich nachempfinden, dass ich schon auch sichtbare Engelsgesichter unter uns erfahren durfte, die im allerhöchsten Auftrag dafür gesorgt haben, dass sich keine Plage tödlich meinem Haus genähert und kein Drache mich ewig verschlungen hat.

Ist das denn für Sie kein Wunder, wenn Sie erleben durften, dass es üblen Lebenserfahrungen oft genug nicht gelungen ist, Ihnen Ihre Lebensfreude zu stehlen? Und haben in solchen Momenten Ehepartner, Freunde und Vertraute nicht tatsächlich engelsgleiche Gesichter bei Ihrer Rettung gehabt? Ist es nicht auch ganz offensichtlich und klar, das sich Plagegeister deshalb zurückziehen mussten, weil sich zu unserer Verteidigung Schutzengel mit ihren Flügeln vor uns gestellt haben? Bleibt es nicht verstandesmäßig unerklärlich, dass wir bisher vor den Wirren unserer Zeit vor dem todbringenden Biss der Otter verschont blieben? Doch wohl einzig und allein aus dem Grund, weil da Engelwesen sich dabei geheimnisvoll um unsere Sicherheit gekümmert haben. Lassen Sie doch einmal an diesem Abend in Ihrem Inneren all die Gesichter *Ihrer* Lebensengel vorüberziehen – um so dankbar, nichts als dankbar zu werden, wie diese Sie immer wieder auf Händen getragen haben.

Numeri 22,31–34

LIED	EG 663,1+2 (Ausgabe für die Ev. Kirche im Rheinland etc.), Herr, deine Liebe ist wie Gras und Ufer,
GEBET	EG 922, S.1425
LIED	EG 663,3+4

ANDACHT

Liebe Mitfastende!
Wohl wahr, manchmal haben wir in unserem Leben Augen dafür, in welchen Momenten Engel unseren Lebensweg begleiten. Manchmal fühlen wir fast körperlich in bestimmten Situationen, dass wir von ihnen vor einem Missgriff, einer Fehlentscheidung bewahrt werden sollen. Schrecken dann zum Glück in letzter Sekunde davor zurück, weil, ja weil uns ein warnender Engel noch rechtzeitig zurückgerissen hat. Manchmal erkennen wir Engel schon aus der Ferne, weil sie mit ihrer Ausstrahlung ein befreiendes Licht auf verzwickte Situationen werfen, zur Klärung verhelfen und am Ende sogar liebevoll aufzubauen verstehen.

Das alles stimmt und ist wahr. Was aber auch leider stimmt ist dies, dass wir manchmal vollkommen verblendet Engeln unsres Lebens gegenüber stehen, und oft erst nach schmerzhaften, mühevollen Prozessen, begleitet von Augenöffnern und Hinweisschildern, auf ihren rettenden Beistand aufmerksam werden. Es gibt sogar Situationen, da *wollen* wir partout die Engel nicht sehen, überhaupt nicht wahrnehmen, schon gar nicht zuhören. Warum? Oftmals, weil wir meinen, unser eigener Kopf wüsste schon am Besten, wo es langzugehen habe. Das aber ist meist ein ganz fataler Trugschluss, der schlimme Folgen haben kann.

Von solch einem Irrweg berichtet auch die Bibel. Der Prophet Bileam wird – sozusagen – von einem König „gebucht", damit er ein Fluchwort gegen das Volk Israel ausspricht. Und damals konnte tatsächlich ein einziges Wort böse Folgen in Gang setzen. Verständlich, dass Gott selber von diesem geplanten Unternehmen nicht gerade begeistert ist. Und so verbietet er dem Propheten Bileam schlichtweg, sich auf diesen gefährlichen „Fluch-Weg" zu begeben. Der aber lässt sich davon längst nicht abhalten, sondern marschiert auf dem Rücken seiner treuen Eselin unbekümmert diesen Unheilspfad. In dem Moment taucht er auf, der Engel, in einem engen Hohlweg, um den fanatischen Propheten doch noch von seiner Fehlentscheidung abzubringen. Und er? Nun, der will ganz einfach stur weitermachen und weiterreiten wie bisher – und beginnt plötzlich wie wild auf seinen Esel einzuschlagen. Denn dieser, genauer gesagt, diese Eselin, hat im Gegensatz zu ihrem Reiter den mahnenden Boten Gottes sehr wohl erkannt und verstanden. Denn dieser ist kein zarter Cherub, sondern ein wütender Engel mit blankem Schwert in der Hand. Und dann heißt es in der Geschichte weiter:

„Da öffnete der Herr Bileam die Augen, dass er den Engel des Herrn auf dem Weg stehen sah mit einem bloßen Schwert in seiner Hand, und er neigte sich und fiel nieder auf sein Angesicht. Und der Engel des Herrn sprach zu ihm: Warum hast du deine Eselin nun dreimal geschlagen? Siehe, ich habe mich aufgemacht, um dir zu widerstehen; denn dein Weg ist verkehrt in meinen Augen. Und die Eselin hat mich gesehen und ist mir dreimal ausgewichen. Sonst, wenn sie mir nicht ausgewichen wäre, so hätte ich dich jetzt getötet, aber die Eselin am Leben gelassen. Da sprach Bileam zu dem Engel des Herrn: Ich habe gesündigt; ich hab's ja nicht gewusst, dass du mir entgegenstandest auf dem Wege. Und nun, wenn dir's nicht gefällt, will ich wieder umkehren." (Num 22,31–34)

Ein Hoch auf und ein Lob für alle Esel, speziell alle Eselinnen dieser Welt. Sie sind es nämlich, die im Entscheidenden oft genug als erste verstehen, wenn Engel unsere Wege kreuzen; während wir scheinbar klugen, selbstgefälligen sturköpfigen Propheten und Prophetinnen noch in eine völlig falsche Richtung traben. Nicht umsonst ist es in unserer Erzählung ein Tier, das viel offener und sensibler als wir fähig ist, sich auf die Gegenwart eines himmlischen Wesens einzulassen. Wer von ihnen Tiere hat, weiß wovon ich rede. Unser Hund z.B. versteht nämlich oft als Allerersters, wenn brenzlige Situationen bei uns zu Hause drohen. Und das sind dann nicht nur Gefahren von Außen, sondern mehr noch Beklemmendes in der eigenen Familienkonstellation. Er will dann warnen, aber auch trösten. Und manchmal denke ich: Damit will auch er auf eine Wirklichkeit verweisen, die jenseits unserer begrenzten Sichtweisen liegt. Tiere wittern Unruhe, Bosheiten und drohende Dammbrüche. Und, so stelle ich es mir jedenfalls vor, in solchem prophetischen Vorausahnen spüren sie etwas von der himmlischen Gnade, Gefahren doch noch abwehren zu können. So lassen sie sich gerne von Oben her in den Dienst nehmen, uns scheinbar so aufgeklärten Menschen die Augen über einen bedrohlichen Weg zu öffnen. Gerade Esel, Eselinnen sind ausgesprochen wachsam, großäugig und schlau. Sie halten geradezu angespannt Ausschau nach Situationen, in denen sie uns auf die Spur warnender Engel setzen wollen.

Ich sage sicherlich kein Geheimnis, wenn ich behaupte, dass es solche liebenswerten und treuen „Esel“ auch in Menschengewand gibt. Wie oft sind sie auch mir schon begegnet, wenn sie mir z.B. manchmal in letzter Sekunde einen Fehltritt aufzeigten, der mich in einen Abgrund gestürzt, in das offene Schwert eines Engels hätte rennen lassen. Solche Engelsgestalten können zunächst manchmal auch bedrohlich erscheinen, geradezu brutal. Und doch wollen sie zur blanken Rettung da sein, wenn wir in der Gefahr stehen, abzugleiten; falsche Entscheidungen auf Gedeih und Verderb durchziehen zu wollen. Und diese können durchaus wie bei Bileam so aussehen, dass wir mit einem Fluch auf andere uns selber ins Verderben stürzen würden. Ein lebensrettender Einsatz unserer wirklichen und wahren Freunde. Man muss ihn halt nur sehen, verstehen und wahrnehmen können.

Dazu braucht es aber Tiere und Menschen mit großen Ohren, die Unter- und Obertöne aus der göttlichen Sphäre aufzunehmen wissen. Das kann manchmal schmerzhaft für uns werden – wie im

Falle Bileams, dem seine Eselin den Fuß an der Mauer einklemmen muss, weil er partout am Halteengel seines Lebens vorbeiziehen wollte. Manchmal müssen wir uns harsche Kritik anhören, der wir uns nur ja stellen sollten. Tun wir es nicht, rennen wir ungebremst weiter, dann übersehen wir das letzte Zeichen zur Ausfahrt ins Verderben. „Sonst“, das jedenfalls sagt der Engel in unserer Erzählung zu Bileam, „sonst, wenn sie mir nicht ausgewichen wäre, so hätte ich dich getötet!“ So weit aber muss es nicht kommen: Lassen Sie sich von wirklichen Eseln und eselsgleichen Menschen darauf aufmerksam machen, wo sich Ihnen ein warnender Engel in den Weg stellt. Sie werden ihm oder ihr – nach anfänglicher Wut – unendlich dankbar dafür sein, dass er oder sie nur Wegweiser und Hinweisschild auf den bewahrenden und rettenden Engel des Herrn Ihres Lebens sein wollte.

Matthäus 28,2–6

LIED	EG 652,1+2 (Ausgabe für die Ev. Kirche im Rheinland etc.), Von guten Mächten treu und still umgeben
GEBET	EG 926, S.1427
LIED	EG 652, 5+6

ANDACHT

Liebe Fastengemeinde!
Ohne Zweifel: Es gibt Engel, die unsere Wege mit ihrem Licht bescheinen; auch Rat und Richtung angeben, wo wir selber nicht mehr weiter wissen. Eigenartig, in den biblischen Texten, die wir bisher kennen gelernt haben, erscheint eine ganz besondere Form von „Schutzengeln“. Sie sind zunächst einmal aber nicht Wesen, die uns primär vor Gefahren von Außen schützen, sondern, die uns vor allem vor uns selber warnen wollen. Hierzu heute eine der sicherlich bekanntesten Engelserscheinungen in der Heiligen Schrift.

Wenn etwas definitiv zu einem Ende geführt zu sein scheint, dann bleibt oft gar nichts anderes mehr zu tun übrig, als sich am Grab zerstörter Lebenshoffnungen zu versammeln. Um dort zu trauern, zu weinen, zu klagen. Eben dies haben auch zwei Frauen vor, die denselben Namen „Maria“ („die Bittere“!) tragen. Sie sind gemeinsam in der Frühe eines Tages unterwegs, um sich von einem geliebten Verstorbenen zu verabschieden. Dann heißt es weiter:

„Und siehe, es geschah ein großes Erdbeben. Denn der Engel des Herrn kam vom Himmel herab, trat hinzu und wälzte den Stein weg und setzte sich darauf. Seien Gestalt war wie der Blitz und sein Gewand weiß wie der Schnee. Die Wachen aber erschraken aus Furcht vor ihm und wurden, als wären sie tot. Aber der Engel sprach zu den Frauen: Fürchtet euch nicht! Ich weiß, dass ihr Jesus, den Gekreuzigten, sucht. Er ist nicht hier; er ist auferstanden, wie er gesagt hat. Kommt her und seht die Stätte, wo er gelegen hat." (Mt 28,2–6)

Am Morgen sind auch wir manchmal unterwegs. Um den begrabenen Träumen und Wünschen unseres Lebens ein letztes „Adieu", also ein allerletztes „Gott befohlen" mit auf den Weg zu geben. Was hatten wir früher nicht einmal alles an Hoffnungen entwickelt? Etwa, dass es eine lebendige, menschliche Beziehung gäbe, die, auftretende Schwierigkeiten mit Leichtigkeit zu lösen verstände. Oder der große Traum von einer erfüllten beruflichen Tätigkeit, in den wir uns mit all unseren Fähigkeiten würden einbringen können. Oder – ganz allgemein – die Sehnsucht nach Zeiten, die ohne Sorgen und Kummer, ohne Krankheiten, Ängsten und Schmerzen, also einfach nur als schön und entspannt empfunden werden dürfen.

Aber, nicht wahr, dann hat sich doch manches in unserem Leben so ganz anders entwickelt, als wir es uns – vielleicht auch in kindlicher Naivität – zurechtgelegt hatten. Es ist dann doch zu Missverständnissen im Familienkreis gekommen und unterschiedliche Einschätzungen zwischen den Menschen, mit denen wir auch sonst kommunizieren. Das enttäuscht nicht nur, sondern lässt natürlich auch die Frage aufkommen, ob es überhaupt zu einer wirklichen Verständigung unter uns kommen kann.

Ähnliche Enttäuschungen können sich auch dort breit machen, wenn wir merken: Die Gaben, die wir in einen bestimmten Arbeitsprozess mitgebracht haben, die will eigentlich keiner haben, hören oder sehen. Stattdessen werden vielleicht Aufgaben von einem verlangt, die einem so ganz und gar nicht liegen. Dann steht man da und weiß gar nicht so recht zu sagen, wozu man denn überhaupt gut sein soll.

Und schließlich und endlich läuft ja oft genug seelisch und körperlich vieles in uns völlig anders ab, als wir es einmal geplant und erträumt hatten. Krankheiten brechen unvorhergesehen ein, und Kummer über manche nur schwer zu bewältigende Lebensherausforderungen macht sich dann breit. Das sind keine schöne Tagen, sondern Schatten, die sich drückend auf unsere Seelen legen.

In solchen Momenten entsteht als erstes oft das Gefühl, wir wollen hinter den beiden Frauen, den beiden Marias ziehen, um unsere zerplatzten Wünsche endgültig aufzugeben und zu begraben. Unser Glaube an eine Lebensänderung ist zerplatzt. Genau dies aber sind dann unsere Morgende, an denen auch wir nichts nötiger haben als Engel, die uns mit strahlenden Augen ansehen und sagen: Ihr seid auf dem völlig falschen Weg. Das, was ihr für immer aufgeben wolltet, ist noch sehr lebendig. Ich weiß wohl, das es in unserer ursprünglichen Geschichte um den lebendigen Herrn aller Welt geht, dessen Kraft und Schönheit kein Grab der Welt festhalten konnte. Aber mit und nach ihm geht es doch auch darum, dass *unsere* Sehnsucht nach Erfüllung, unser Traum von gelungenen, beglückenden Tagen in seinem Geist nicht für alle Zeit verscharrt werden sollen.

Und eben dazu braucht es auch in unseren Tagen Engel, die uns zurückschicken von unserem Weg des endgültigen Abschieds, uns stattdessen aber aufrichten und sagen, dass der Himmel schon längst einen Neuanfang unter unsere Füße gelegt hat. Diese Engel sorgen als erstes dafür, dass sich Wackersteine, die sich dumpf und erstickend auf unser Gemüt gelegt haben, von unserer Brust genommen werden. Anschließend eröffnen sie uns völlig neue Blicke auf unsere Beziehungen, neue Chancen im beruflichen Umfeld, neue Kräfte nach überstandenen Krankheiten und bewältigten Ängsten. Wir brauchen nur still zu stehen und es diesen Engel erlauben, uns auf unseren festgefahrenen Wegen aufzuhalten; damit sie uns dann schließlich zurück schicken können in ein Leben voll strahlenden Lichts. Sie wollen, dass damit auch wir an der Auferstehung in eine neue Welt teilnehmen werden.

Apostelgeschichte 12,7

LIED EG 671,1+2 (Ausgabe für die Ev. Kirche im Rheinland), Unfriede herrscht auf der Erde
GEBET EG 778, S.1203
LIED EG 671,3

Schneller, als wir zu Beginn gedacht haben, ist nun wieder der letzte gemeinsame Abend unserer Fastenwoche gekommen. Vieles von dem, was wir in den vergangenen Tagen erlebt, besprochen, gefühlt und erfahren haben, wird uns auch weiterhin auf unserem Weg durch den Frühling auf den Sommer zu begleiten. Und, so hoffe ich, begleiten werden Sie auch weiterhin unterschiedliche Engelsgestalten, die Ihnen in dieser Woche begegnet sind. Sie werden ja nach unserem Zusammensein hier nicht einfach wieder in ein Heiliges Buch weggepackt, bis sie – zur nächsten Weihnachtsandacht vielleicht? – wieder hervorgezogen werden. Engel sind lebendig. Engel wollen uns deshalb auch die nächste Zeit begegnen, uns begleiten, beschützen, warnen und bewegen. Vor allem anderen aber wollen sie uns befreien, uns frei machen aus Lebenssituationen, die unseren Weg zur Erfüllung versperren. Und schließlich wollen sie uns auch Beine machen, wenn wir – die Fastenwoche in weite Ferne gerückt – durch manch schlechten Gewohnheiten wieder rückfällig werden. Dazu hören wir die letzte Engelserzählung aus der Schrift:

Der Apostel Petrus wird von König Herodes festgenommen und ins Gefängnis geworfen, Vier Wachen von jeweils vier Soldaten sollen ihn schärfstens bewachen. Zwischen ihnen wird er sogar an zwei schweren Ketten festgebunden. Ein Ausbruchsversuch also absolut unmöglich. Und nun heißt es in der Bibel: „Und siehe, der Engel des Herrn kam herein, und Licht leuchtete auf in dem Raum; und er stieß Petrus in die Seite und weckte ihn und sprach: Steh schnell auf! Und die Ketten fielen ihm von seinen Händen." (Apg 12,7)

Also, nicht wahr, die Angst ist schon da, dass wir nach dieser gemeinsam erlebten Zeit, in der wir befreit waren von unguten Gewohnheiten, nun doch wieder in die Hände eines bösen Königs geraten, der unseren neu gewonnenen Lebensfluss unterbrechen will. Unsere Ruh' und Entspannung sind dann wieder hin, und alle guten Vorsätze werden über Bord geschmissen. Zappenduster wie im Kerker kann es uns im Alltag dann wieder vor Augen werden, wenn wir unsere jetzige Zufriedenheit mit alten Abhängigkeiten eintauschen. Und, seien wir ehrlich, oft genug machen wir uns selber zum „Herodes" und begeben uns freiwillig in ungute, ungesunde Situationen hinein, die auf Dauer wie schwere Gefängnisketten auf uns lasten können.

Damit meine ich nicht nur die wieder eintretende Gewöhnung an ungesunde Kost oder übermäßigen Alkoholkonsum. Ich denke eher noch an die inneren Gefängnisse, in denen uns fast noch mehr seelische Ketten an einer freien Lebensentfaltung zu hindern versuchen. Ich sehe mich ja auch selber in so einem dunklen Verließ. Dort lasse ich mich z.B. oft genug abhalten, wirklich nach den Fähigkeiten zu fragen, die Gott persönlich mir geschenkt hat. Um sie dann auch anzuwenden und umzusetzen. Stattdessen schleicht sich dann immer wieder die Abhängigkeit von der Meinung anderer in meine kleine Zelle, Und so lasse ich immer wieder mutige Herausforderungen links liegen, bevor ich mich der Kritik oder dem Spott anderer aussetze. Schon hat das erste Kettenschloss zugeschnappt.

Dann lasse ich mich sicher auch oft genug gefangen nehmen von den eingefahrenen Gleisen in menschlichen Beziehungen. Wie kommt es nur, dass ich eigentlich gar nichts Neues und Überraschendes mehr erwarte von den Menschen, die mich Tag für Tag umgeben, meinen Ehepartner und meinen Kindern, den Eltern und Freunden, den Kollegen und Mitarbeiterinnen? Nun, ich scheine ja immer schon im vornhinein zu wissen, was sie sagen und wie sie reagieren werden. Ich kenne sie ja seit Ewigkeiten durch und durch. Damit binde ich mich aber selbst an Vor-Urteilen fest, und lasse eine wirklich Neu-Begegnung nur ganz, ganz selten zu.

Und schließlich geht es mir manchmal sogar in meinem Verhältnis zu meiner lieben Kirche so, dass ich mich in ihr so häuslich eingerichtet habe, dass ich mit echten Wundern in unseren Räumen kaum mehr rechne. Einen geistlichen Aufbruch, eine neu erfahrene Gemeinschaft, vielleicht sogar Heilungen – das alles liegt schon lange nicht mehr in meinem inneren Ewartungshorizont. Schnapp macht auch hier das Schloss der grauen Kirchen-Gewöhnung und versperrt damit einen Ausblick auf mögliche wundervolle Lichtquellen mitten in der Gemeinde.

Der eine oder die andere unter Ihnen wird mit Sicherheit noch manch andere Ketten und Schlösser vor Augen haben, die uns bedrohen und in der kommenden Zeit wieder ein Netz von erstickten Lebensmöglichkeiten über uns legen wollen. Oder es aber auch nicht mehr können! Denn wir Menschen haben während dieser Fastenwoche rettende Begegnungen gehabt mit Engeln. Und diese werden auch in Zukunft nicht müde, uns weiterhin zu begleiten. Wenn also in der nächsten Zeit diese Flügelwesen erneut auf uns zukommen werden – und ich bin sicher, dass sie es tun werden! –, dann wird es zunächst einmal ganz hell, ganz licht und klar um uns, wie im Verließ des Petrus. Engel sorgen also als erstes dafür, dass uns die Augen über unnötige Abhängigkeiten und lähmende Beziehungen geöffnet werden. Überall dort verspüren wir ihr Flügelrauschen, wo sie uns und unseren Gaben mehr zutrauen als andere Menschen oder sogar wir selber! Dann ist es, als ob sie über unseren Köpfen einen Lichtglanz ungewohnter Ideen, träumerischer Phantasien, ungeahnter, authentischer Lebensmöglichkeiten zünden. Oder auch dies ist denkbar: Engel zeigen uns wohlbekannte Menschen in einem völlig neuen Licht. Sie sind jetzt für uns keine Schattenwesen mehr, sondern geben uns die Hand und führen uns den Freiheitsgang ins wahre Leben zurück. Und auch das kann geschehen, dass die Himmelsboten uns eine ganz neue Tür in unsere Kirche hinein öffnen, durch die wir ohne Vorurteile und Vorbehalte gehen dürfen. Denn dahinter, wenn denn das Wunder geschieht, eröffnet sich ein Raum, der einen Strahl und Zipfel von Gottes Herrlichkeit zeigen wird.

Darauf können, darauf sollten wir uns dann aber auch ganz fröhlich einlassen: Nachdem er nämlich Licht über uns entzündet hat, wird der Engel uns in unsere faule Seite stoßen, uns aus den überlebten Gewohnheiten aufwecken und uns zurufen: Steht schnell auf, steht ganz schnell auf! Wenn wir ihm dann einfach gehorchen und dies auch wirklich tun, dann werden eine Vielzahl von Ketten von unseren Händen fallen – und wir werden frei leben und frei sein für ein Leben im Lichte himmlischer Heerscharen.

9 Heilungsgeschichten

Markus 1,40–42

LIED EG 669,1–3 (Ausgabe für die Ev. Kirche im Rheinland etc.), Herr, gib mir Mut zum Brückenbauen
GEBET EG 976, S.1454
LIED EG 669,4+5

ANDACHT

Liebe Teilnehmer, liebe Teilnehmerinnen unserer Fastenwoche! Wieder einmal nehmen wir uns aus dem Normalbetrieb unseres Alltags heraus, um während dieser knappen Woche auf die Suche zu gehen nach innerem Gewinn durch äußeren Verzicht. Was aber gehört für Sie zu dieser Woche unabdingbar hinzu? Sicherlich unsere gemeinsamen Treffen bei Fastenbrühe und Austausch über körperliche und seelische Erfahrungen. Bestimmt auch die bewusste Tageseinteilung in dieser Zeit, die Raum schenkt zur Ruhe, Meditation, zum Wandern und Entspannen. Viele, das weiß ich, freuen sich auch über unser Begleitprogramm, das mithilfe anregender Referenten noch zusätzliche Nachdenk-Akzente setzen will. Aber jetzt, dies hier, was wir gerade tun, nämlich eine Andacht miteinander zu halten, also andächtig über ein biblisches Wort nachzudenken, ist das wirklich auch ein wesentlicher Teil unserer gemeinsamen Zeit? Ehrlicherweise muss ich zugeben, dass mir während unserer ersten Fastentreffen mehr als einmal der Gedanke kam, ob sich nicht vielleicht auch manche Teilnehmer vereinnahmt fühlen könnten, wenn jeden Abend so eine christliche Besinnung angeboten wird. Im Laufe der Jahre habe ich aber die Erfahrung gemacht: Man muss nicht ein hieb- und stichfestes Gemeindeglied sein (wer ist das schon?), um in diesen Tagen wieder neu seine Sinne für Gott und seine Wegweisungen an uns zu öffnen. Vielleicht sind deshalb gerade die Andachten zu Beginn unserer abendlichen Treffen ein Zeichen dafür, dass wir uns miteinander auf einen Pilgerweg aufmachen, um so noch deutlicher unsere Bestimmung als Kinder Gottes zu erfahren.

Wie Sie wissen suche ich immer *ein* Thema aus, das die Andachts-Texte der kommenden Tage bestimmt. Zwei Gründe führen dieses Jahr zu einer besonderen Wahl. Zum einen: Die Versorgungsmöglichkeiten unseres Gesundheitswesens verändern sich. Unruhe entsteht, was ich eigentlich überhaupt noch in Krankheitssituationen in Anspruch nehmen darf. Und damit verbunden die persönliche Frage, was ich wirklich brauche, um mich wohl und gesund zu empfinden. Zum anderen war ich im letzten Jahr eine Zeitlang selber kränker als gewöhnlich. Ich habe Krankenhäuser, Operationen, Schmerzen und Genesungsprozess erfahren. Wieweit mich diese Erlebnisse geprägt haben – dies soll auch in dieser Andachtsreihe nicht unterschlagen werden.

Und so habe ich mir für diese Woche fünf Heilungsgeschichten aus dem ältesten Evangelium, dem des Markus nämlich, ausgesucht, die uns – so hoffe ich – etwas zu sagen haben über Krankheit, aber mehr noch über die wunderbaren Möglichkeiten, unter dem Lichte Christi wieder heil und gesund werden zu können. Die erste Erzählung steht in Markus 1,40–42 und heißt: „Die Heilung eines Aussätzigen."

„Und es kam zu ihm ein Aussätziger, der bat ihn, kniete nieder und sprach zu ihm: Willst du, so kannst du mich reinigen. Und es jammerte ihn und er streckte die Hand aus, rührte ihn an und sprach zu ihm: Ich will's tun; sei rein! Und sogleich wich der Aussatz von ihm und er wurde rein."

Jeder, der sich schon einmal mit einer ansteckenden Hautkrankheit auseinandersetzen musste, weiß, wie sich dieser Aussätzige fühlt: Menschen gehen auf Distanz und fassen einen nicht mehr an. Das tun sie aber nicht nur äußerlich. Auch wenn man anderen bedrohlichen Krankheiten begegnet – bei allem Mitleid und Sympathie – man schreckt doch auch innerlich zurück, aus Hilflosigkeit oder auch Angst, selber von dieser Krankheit überfallen zu werden. Vielleicht haben Sie selber schon diese Erfahrung gemacht: Krankheiten mit bedrohlichen Namen verunsichern und schrecken ab. Sie können dann auch eines Tages sehr einsam machen und von lieben Alltagsgewohnheiten und Menschen abkapseln. Dies war mit Sicherheit einer der Gründe, warum der aussätzige Mensch, der in unserer Erzählung vor Jesus niederkniet, ihn um Hilfe zum

Leben bittet. Eines ist ihm von vornherein klar: Seine Bemühung muss nicht gut ausgehen. Aber es ist ein zarter und gleichzeitig leidenschaftlicher Versuch, sein beschädigtes Leben dem Heiland vorzustellen. Durchaus möglich, dass auch wir Jesus gegenüber Bitten formuliert haben, die auf den ersten Blick unerfüllbar erschienen. Wohl wahr, göttliche Hilfe ist nie zu erzwingen. Aber sie ist zumindest geduldig und mutig immer wieder anzusprechen: Wenn Du willst! Das will sagen. Jesus wird schon selber am Besten wissen, was für den Bittenden das Beste ist. Wenn er es will, geschieht etwas. Aber, wie gesagt, das geschieht oft nicht von Jetzt auf Gleich. Aber gespannt auf eine Reaktion von ihm warten – das darf man schon.

Nun ist es in der Tat so, dass Jesus in dieser konkreten Situation heilen möchte. Er will gesund machen. Er will einen Menschen nicht weiter von allen Beziehungen abgeschnitten sehen. Und so setzt er in einem Dreischritt den Heilungsprozess in Gang. Als erstes, so heißt es wörtlich, jammerte es ihn. Jesus empfindet tiefes Mitgefühl mit dem erkrankten Menschen. Dabei entwickelt er eine empathische Beziehung, leidet mit, lässt sich von dem Schicksal des Bittenden anrühren. Glauben Sie es mir: Kein Genesungsprozess auch heute unter uns, der nicht mit so einem liebevollen Angeschautwerden beginnt, einem mitfühlenden Arzt, aber auch mittragenden und mitbetenden Freunden.

Gerade aber weil sich Jesus so ansprechen und anrühren lässt, hält er als zweites auch keine Rede, sondern streckt augenblicklich seine Hand aus und berührt damit den aussätzigen Menschen. Was für eine Wohltat, wenn damit die durch die Krankheit erbarmungslos gesetzten körperlichen Grenzen durchbrochen werden. Wenn sich also Menschen nicht scheuen, ihre Hand auf die Hände Kranker zu legen. Nähe entsteht, wenn wir Kranke, die sich selber als „unberührbar" empfinden, streicheln und in den Arm nehmen. Mit dem Ausstrecken seiner Hand beendet Jesus den Ausschluss des Menschen aus der Gemeinschaft. Und, wer weiß, ob nicht auch uns schon so eine ausgestreckte, liebevolle Hand wieder ins Leben zurück geholt hat. Wer angefasst wird, wird wahrgenommen, lebt auf, existiert für andere wieder.

Und deshalb sagt nun auch Jesus an dritter und letzter Stelle: Ich will's; sei rein! Das gibt es, diese Macht des heilenden Zuspruchs, eine segensreiche Auferbauung durch Menschen, die Krankheiten wegnehmen können. Was für ein Wunder heute noch, wenn aussätzigen Menschen Heilung auf den Kopf zugesagt wird. Diese Ärzte gibt es, die neben ihrem Fachwissen ihre Sympathie mit guten Lebensworten unterstreichen. Jesus will gesund machen. Genau in dem Moment aber verschwindet die Hauterkrankung. Das gibt es, nach der Erfahrung von Mitleid, des Angerührt- und Angesprochenwerdens, die Befreiung von Ekzemen, die damit auch ein Freiwerden der Seele signalisieren. Der Gesundgewordene in unserer Erzählung sorgt im Anschluss dafür, dass sich die Nachricht von Jesus dem Heiler so weit ausbreitet, dass nun alle zu ihm kamen von allen Enden des Landes. Diesem Zug dürfen wir uns getrost anschließen und in zukünftigen Krankheitssituationen die Nähe Jesu miterleben; der verspricht, auch uns anzurühren, damit wir schließlich diese Erfahrung auch anderen suchenden kranken Menschen weitererzählen.

Markus 1,3–5.10–12

LIED EG 667,1–3 (Ausgabe für die Ev. Kirche im Rheinland etc.), Wenn das Brot, das wir teilen
GEBET EG 898, S.1412
LIED EG 667,4+5

ANDACHT

Liebe Mitfastende!
Von einer Fülle von Menschen wird im Laufe der Kirchengeschichte erzählt, das sie die Fähigkeit besaßen, anderen in besonderen Krankheitssituationen beizustehen; ja manche tatsächlich auch wieder völlig gesund machen zu können. Viele Heilige haben durch diese Ausstrahlung einen besonderen Platz in den Herzen gläubiger Menschen erhalten; und werden bis zum heutigen Tag bei besonderen körperlichen und seelischen Schmerzen angerufen. Sie sollen für die Betenden, die mit ihrem Leiden nicht mehr zurecht kommen, Fürbitte bei Gott einlegen. Noch heute – da glaube ich fest dran – gibt es Menschen, die einen besonderen Zugang, eine Nähe, eine Atmosphäre der Freundlichkeit und Hilfsbereitschaft im Umfeld eines Erkrankten entstehen lassen können. Nicht nur Naturreligionen kennen das Phänomen der Wunderheilung. Es gibt mit Sicherheit auch in unseren Breiten Menschen, deren

Aura stärker ist als Schmerzen und Leiden. Das sind Geistbegabte, denen es durch Gebet, Salbung, Handauflegung und gütigen Zuspruch gelingen kann, ausgeschlossene und verloren gegangene Menschen ins Leben zurückzuholen. Die Bibel spricht in diesem Zusammenhang von einer besonderen Fähigkeit, einer Gnaden-Gabe, die von Gott besonders übertragen werden kann. Wie schön, wenn sie dann wirklich zum Nutzen kranker Menschen eingesetzt wird.

In den Tagen Jesu gab es neben ihm noch viele andere Wanderprediger und Wundertäter, die so wie er durch Heilungen auf sich aufmerksam machten. Was zeichnete also ihn im Vergleich mit den anderen aus? Hören wir dazu wieder eine Geschichte des ältesten Evangeliums Markus, Verse aus Kapitel 2: „Und es kamen einige zu ihm, die brachten einen Gelähmten, von vieren getragen. Und da sie ihn nicht zu ihm bringen konnten wegen der Menge, deckten sie das Dach auf, wo er war, machten ein Loch und ließen das Bett herunter, auf dem der Gelähmte lag. Als nun Jesus ihren Glauben sah, sprach er zu dem Gelähmten: Mein Sohn, deine Sünden sind dir vergeben. Und damit ihr wisst, dass der Menschensohn tatsächlich auch Vollmacht hat, Sünden zu vergeben, sage ich zu dir: Steh auf, nimm dein Bett und geh heim! Und er stand auf, nahm sein Bett und ging alsbald hinaus vor aller Augen."

Es wird sicherlich seine Richtigkeit haben, dass in unserer Erzählung der Gelähmte tatsächlich zunächst ein Menschenkind war, das physisch seine Beine nicht mehr bewegen konnte. Aber diese körperliche Versehrtheit bringt nun auch eine weitere Fülle von Lebenseinschränkungen mit sich: Keine Möglichkeit, den engen Radius des eigenen Hauses mehr verlassen zu können; und damit eben auch ein völliges Abgeschnittensein vom Leben, das außerhalb der eigenen vier Wände stattfindet. Ich fühle mich wie gelähmt, sagen wir manchmal, wenn uns scheinbar unüberwindliche Aufgaben überfallen. Oder auch, wenn es zu unerwarteten seelischen und körperlichen Einschnitten in unserem Leben kommt. Dann kann es tatsächlich passieren, dass sich Menschen vor Schreck, vor Angst und Qual nicht mehr regen können. Man findet dann einfach nicht von allein den ersten Schritt in eine rettende Richtung.

Was für eine Wohltat aber, wenn es in solchen Momenten nicht nur einen, sondern gleich mehrere gute Freunde und Freundinnen gibt, die den „gelähmten" Menschen nicht im Stich lassen und dadurch innerlich schon ein wenig „auf-richten." Oft ist schon ihre ruhige Anwesenheit ein erster Beitrag im Kampf gegen Überforderung und Hilflosigkeit. Noch unterstützender wirkt natürlich das Angebot, den kranken Menschen dorthin zu bringen, wo es voraussichtlich Hilfe, Rettung und Auferbauung geben wird. Unterschätzen wir an dieser Stelle nur ja nicht die guten und gehaltvollen Hinweise von Freunden. Manchmal haben nämlich gerade sie die entscheidende Idee zu einer hilfreichen Therapie. Oder sie kennen persönlich eine ärztliche Kapazität. Oder sie bringen einen an einen Ort, in die Natur, in eine Spezialklinik, in ein Gotteshaus, der allein schon von seiner Atmosphäre her wohltuend auf den Kranken wirkt.

Die Freunde des Kranken in unserer Erzählung wissen auf alle Fälle den Weg zu Jesus von Nazareth. Auf ihm lassen sie sich von keinem Hindernis der Welt aufhalten. Auch heute ist es ja längst nicht immer einfach, kranken Menschen den Zugang zu einer rettenden Glaubensbegegnung zu eröffnen. Manchmal müssen da tatsächlich auch ungewöhnliche Schritte gegangen werden, damit z.B. aufgedeckte Dächer den Blick zum Himmel freigeben können. Ich weiß von Leuten, die sich die größte Mühe gemacht haben, „gelähmte" Menschen in Gottesdienste, Fastenwochen oder auf Pilgerwege zu religiösen Orten zu führen. Sie sind dann wie Reiseleiter in eine geistliche Welt. Wie hilfreich, wenn sie vielleicht auch uns manchmal an der Hand nehmen und zum Heiland Jesus führen.

Ihn nämlich zeichnet ein besonders Wirken auf Krankheiten aus. In unserer Geschichte stellt er den behinderten Menschen nämlich zunächst gar nicht wieder auf die Beine. Als erstes spricht er ihn frei von all dem, was ihn bisher innerlich von wirklicher Lebensfülle abgehalten hat. Das nennt die Bibel Sünde. Damit sind ja nicht nur irgendwelche kleinen oder größeren Vergehen gemeint. Nein die Befreiung von Sünde erschließt eine Zukunft, die bis hierher verschlossen war für die gnädige Bewahrung durch Gott. Und das neugeschenkte Heil besteht nun in der bedingungslosen Annahme und Liebe durch denjenigen, der einen selber einmal ins Leben gerufen hatte. Fällt dieser Krampf von mir ab, der Zwang also, ich müsste mich selber im Leben immer wieder neu auf die Beine stellen, dann gerate ich in den reichen Lebenshorizont Gottes, der mir sagt: Du kannst viel – durch meine Gnade. Jetzt aber nutze auch tatsächlich Deine Beine wieder.

Das Grundübel vieler Erkrankungen liegt eben nicht in physischer Beeinträchtigung, sondern oft genug in der Abgeschlossenheit für den Glanz und die Weite Gottes. Wird uns aber diese

Sünde, dieses Blindsein genommen, dann können sich sehr rasch Kräfte wieder neu entfalten, die ins wahre Leben zurückführen; also auch einen Gelähmten neue Perspektiven eröffnen. Und damit eben tatsächlich auch körperlich gesund machen. „So etwas haben wir noch nie gesehen", sagen die Menschen, die bei der biblischen Wundererzählung als erste Zeitzeugen dabei waren. Das ist es also, was die Heilungen Jesu von anderen Wundertaten unterscheidet: Er hebt nicht ein äußeres Symptom, sondern stellt den ganzen Menschen in den weiten Lichtkegel der Liebe Gottes.

Markus 3,1–5

LIED EG 664,1+2 (Ausgabe für die Ev. Kirche im Rheinland etc.), Wir strecken uns nach dir
GEBET EG 980, S.1457
LIED EG 664,3

ANDACHT

Liebe Mitfastende!
Über Krankheiten machen wir uns in dieser Woche Gedanken. Wir erleben dabei Menschen, die sich unrein und gelähmt empfinden. Wir erfahren auch unsere eigenen Schwächen, Grenzen, körperliche Beschwerden und seelischen Kummer. Aber sicherlich auch die befreienden Möglichkeiten Jesu: Unreine Menschen erfahren unter seinen Händen den Glanz eines Neubeginns; vor Angst Gelähmte kommen wieder auf die Beine und können ihr Leben wieder in die eigenen Hände nehmen. Auch die heutige Geschichte erzählt davon, wie einem begrenzten Menschen vom Himmel her völlig neue Lebensmöglichkeiten geschenkt werden:

„Jesus ging abermals in die Synagoge. Und es wart dort ein Mensch, der hatte eine verdorrte Hand. Und sie lauerten darauf, ob er auch am Sabbat ihn heilen würde, damit sie ihn verklagen könnten. Und er sprach zu dem Menschen mit der verdorrten Hand: Tritt hervor! Und ersprach zu ihnen: Soll man am Sabbat Gutes tun oder Böses tun, Leben erhalten oder töten? Sie aber schwiegen still. Und er sah sie ringsum an mit Zorn und betrübt über ihr verstocktes Herz und sprach zu dem Menschen: Strecke deine Hand aus! Und er streckte sie aus; und seine Hand wurde gesund.

Oh ja, auch Jesus kann Gefühle zeigen! Wir haben es bei ihm nicht mit einem abgeklärten Gelehrten zu tun, der gleichsam körperlos über die Leiden und Wirren dieser Welt schwebt. Oh nein, Jesus äußerst seine Empfindungen. Sehr direkt und sehr konkret. Vor allem dann, wenn er im Innersten von einem Menschenschicksal angerührt wird. Da kann er dann auch schon mal zornig werden – vor allem über die Gleichgültigkeit der anderen! Viel mehr aber noch als sein Zorn regt sich sein Herz, das sich bewegen und anrühren lässt, das betrübt ist über die Ignoranz der Menschen und empathisch schlägt für die Heilung wunder Menschen.

Der Reihe nach: Da gibt es einen Mann, dessen Hand ist verdorrt, unbeweglich. Wer selber schon einmal erfahren hat, dass man seine rechte oder linke Hand nicht mehr benutzen kann, weiß, was das bedeutet: Die Ausstreckung zum Leben hin wird jäh unterbrochen. Auf einmal kann ich anderen nicht mehr die Hand geben und spüre: Der (körperliche) Kontakt zu meiner Umgebung geht mir verloren. Oder berühren und streicheln meiner nächsten Vertrauten: Geht nicht mehr! Nichts ist mehr so, wie es bis vor Kurzem war: Von den kleinsten „Hand“-Griffen angefangen bis zu den größten Unternehmungen: Anziehen und waschen – eine schiere Unmöglichkeit. Briefe schreiben? Muss an andere delegiert werden. Blumen in eine Vase sortieren? Sie kippen nach allen Seiten um. Wie soll der Beruf funktionieren, bei dem ja neben unserem Verstand immer auch die Hand gebraucht wird: beim Autofahren, technischem Zeichnen, Möbel installieren. Ausgegrenzt: Als Mensch, als Familienglied, als Mitarbeiter.

Verständlich, dass der Mann mit der verdorrten Hand auf nichts anderes sehnlicher wartet, als sein erkranktes Körperglied wieder einsetzen zu können. Die Begegnung mit dem Arzt und Heiland, der Hilfe zu versprechen scheint, hat aber heute einen Haken: Es ist Sabbat. Ruhetag. Eine schöne und kostbare Zeit. Die Arztpraxen sind geschlossen und die Therapeuten ruhen sich aus. Man entspannt von den Mühen der Woche. Was aber, wenn man diese alltägliche Routine gar nicht mehr kennt. Was, wenn man ewigen Feiertag hat, weil man nicht mehr arbeiten kann? Wie soll man sich freuen, wenn auch am Sabbat die Behinderung die Lebensfreude behindert?

Ein Dilemma entsteht: Natürlich muss es Hilfe geben: Aber bitte nur montags, mittwochs und freitags von 9 bis 12 Uhr. Was aber, wenn ein gequälter Mensch einfach nicht mehr länger warten kann? Jesus reagiert. Übrigens wieder nicht, indem er als Erstes gesund macht. Er tut anderes, das auf längere Sicht viel erfolgreicher ist: Zunächst einmal ruft er den Menschen vom Rand des Lebens weg und stellt ihn in das Rampenlicht der Gesellschaft. Ein wichtiger Schritt: Sieht auf die verdorrte Hand und das ausgetrocknete Gemüt! Und anschließend nimmt sich Jesus Zeit, viel Zeit, um nachzudenken über den Sinn des Sabbats. Er und seine Gesprächspartner, sie wissen beide: Der Sabbat ist ein kostbares Geschenk Gottes an seine Menschenkinder. An ihm dürfen sie Dankbarkeit über ihr Leben empfinden. Und Freude. Und Glück. Wozu also gibt es diesen herausgehobenen Tag? Zum Guten oder zum Bösen? Was für eine Frage! Schon ein Kind sagt: Natürlich zur Schönheit, zum Durchatmen zum Glück! Von dieser Erkenntnis aber ist es nur noch ein kleiner Schritt, sinnvolle Regeln zu durchkreuzen, wenn sie der Lebenslust auch nur *eines* Menschen im Wege stehen. Jesu Praxis ist auch am Wochenende offen. Manche Menschen können nicht länger warten. Gerade am Tag der Herrn sehnen sie sich danach, ihre Hände zum Leben hin wieder ausstrecken zu können. Zu Jesus hin. Der schlägt ein – und macht gesund.

Lassen wir uns auf diese Heilungs-Freiheit Jesu ein, dann gelingt es uns, auch zu ungewöhnlichen Zeiten und an ungewöhnlichen Orten Menschen vom Rand des Lebens in das Rampenlicht der Liebe zu stellen; ihnen Mut zuzusprechen, damit sie ihre Hände dem Licht Gottes entgegenstrecken – und dann auch unsere hilfreichen Hände dankbar ergreifen.

Markus 7,32–35.37

LIED EG 652,1+2+4 (Ausgabe für die Ev. Kirche im Rheinland etc.), Von guten Mächten treu und still umgeben
GEBET EG 966, S.1449
LIED EG 652, 5+6

Liebe Teilnehmer an unserer Fastenwoche!
Bei all den Heilungs- und Wundergeschichten, die wir an den vergangenen Tagen hörten, mag man den Eindruck bekommen: In der Gegenwart Jesu ist die Rettung immer schnell und glatt von sich gegangen. Ein Mensch erkrankt; er selber oder gute Freunde kommen auf die Idee, sich dem Heiler aus Nazareth vorzustellen; dieser diagnostiziert rasch das eine oder andere Weh; und scheint zuletzt fast automatisch das Leiden mit einem Handstreich wegzuzaubern. Aber dieser Eindruck täuscht. Auch in den Geschichten, die wir bisher gehört haben über einen Aussätzigen, einen Gelähmten, einen Mann mit verdorrter Hand liegt eine weite Wegstrecke hinter den geplagten Seelen. Denn die aufgeschriebenen Erzählungen sind ja oft genug nur das Ende eines langen Leidensweges. Auch wenn selten im Einzelnen berichtet wird, welche äußeren und auch inneren Strecken die Kranken vorher zu bewältigen hatten – es werden manchmal Jahre gewesen sein, bis sie endlich den rechten Arzt fanden. Und selbst dann kommt es oft nicht zu einer spontanen Schnellheilung. Andere Hindernisse müssen zunächst noch aus dem Weg geräumt werden: Ferne von Gott, Abgeschottetsein von Menschen, innere Verkrümmung.

Warum ich dies heute noch einmal besonders erwähne? Nun, es könnte ja der Eindruck entstanden sein: Heilungswunder finden immer nur bei anderen statt; nie bei einem selbst. Möglich, dass Sie immer noch mit schwer zu lokalisierenden Schmerzen leben müssen. Auch Sie haben alle möglichen Hilfsangebote aufgesucht – und tragen dennoch weiterhin Leid mit sich herum. Das einzige, was ich dazu sagen möchte, ist dies: Heilungsprozesse brauchen Zeit. Manchmal auch viel Zeit. Ich habe es im vergangenen Jahr selber erlebt, dass man den Rückzug einer Krankheit nicht erzwingen kann. Oft hilft wirklich nur Geduld, Geduld, Geduld. Diese Haltung betrifft dabei aber auch unsere Beziehung zu Jesus. Immer wieder begegnen mir Menschen, die tief enttäuscht sind, dass Jesu ihnen bisher scheinbar überhaupt nicht zugehört und geholfen hat – trotz unzähliger Gebete, trotz Bittens und Flehens. Kommen wir dann dennoch miteinander ins Gespräch, merkt der Kranke, dass sich trotz der noch ausstehenden endgültigen Genesung dennoch etwas getan und bewegt hat: Das geduldige Warten und Suchen und Bitten hat manch innere Verkrampfung gelöst und manche

Ängste schon bewältigt. Ob diese Erfahrungen nicht auch schon Zeichen der unsichtbaren Nähe Gottes gewesen sind, fragen wir dann, heilende Zeichen auf dem Weg zum Heil.

Der heutige Text dazu steht im 7.Kapitel des Markusevangeliums: „Da brachten sie zu Jesus einen, der taub und stumm war, und baten ihn, dass er die Hand auf ihn lege. Und er nahm ihn aus der Menge beiseite und legte ihm die Finger in die Ohren und berührte seine Zunge mit Speichel und sah auf zum Himmel und seufzte und sprach zu ihm: Hefata!, das heißt: Tu dich auf! Und sogleich taten sich seine Ohren auf und die Fessel seiner Zunge löste sich, und er redete richtig. Und die Menschen sprachen: Er hat alles wohl gemacht; die Tauben macht er hörend und die Sprachlosen redend."

Oft begegnet er mir in den Mittagsstunden, wenn ich zur Entspannung durch die Waldfriedenstraße gehe. Kennen gelernt habe ich ihn bei der Beerdigung seiner Frau. Neben ihrem Grab stand auf dem Friedhof eine Gebärdensprecherin. Sie übersetzte mit ihren Händen den Beisetzungsritus. Denn der Ehemann der Verstorbenen, ja der größte Teil der Trauergemeinde konnte nicht hören, war taub. Und da die meisten von ihnen von Geburt an keine Laute oder Geräusche wahrnehmen konnten, gelang es nur den wenigsten, sich mühsam verständlich zu machen, bei schwerer Artikulation. Etwa zur gleichen Zeit hatte ich im Kino den Film „Jenseits der Stille" gesehen, die Geschichte eines hochmusikalischen Mädchens – tauber Eltern. Mehrfach bin ich in meinem Beruf mit Menschen in Kontakt gekommen, die nicht hören und oft auch nicht sprechen konnten; und merke z.B. auf meinen Spaziergängen, wie viel Kraft es sie kostet, sich verständlich zu machen. Natürlich kennt unsere Zeit inzwischen eine Fülle an Hilfsmitteln. Dennoch bleibt bei vielen das Gefühl des Ausgeschlossenseins – von der Welt, ihrem Geflüster und Gewisper, ihren Tönen, Klängen und Sprache.

Dieses Verlustempfinden wird wohl u.a. auch der Grund gewesen sein, warumn zwischen Tyrus und Sidon, dort wo das Mittelmeer ans Ufer rollt, Menschen wieder einmal einen Kranken zu Jesus bringen. Auch er kommt also nicht (von) allein. Auch er hat wirkliche Freunde, die ihn nicht im Stich lassen und gemeinsam einen Weg zur Heilung suchen. Sicherlich haben wir alle schon diese Erfahrung gemacht, wie wohltuend das sein kann, wenn wir an der Hand genommen und zur richtigen Adresse gebracht werden. Aber die Begleiter tun noch mehr. Sie äußern stellvertretend für den verstummten Kranken die Bitte, dass Jesus seine Hand auf ihn legen möge. Auch diese Geste ist uns nicht unbekannt: Liege ich im Bett und ein Besucher legt seine Hand auf meine, spüre ich schon durch diese Geste: Ich bin nicht allein.

Aber Jesus ist diese Berührung noch nicht genug. Denn nun wird eine Geschichte erzählt, die überfließt von Zärtlichkeit, Nähe und tiefem Mitgefühl. Zunächst nimmt Jesus den abgekapselten Kranken aus der Menschenmenge heraus. Nur ihm widmet er sich jetzt. Ganz. Heilung braucht oft diesen geschützten Raum, den niemand stören darf. Hier nähert sich Jesus dem Kranken mit Gesten, die Zuneigung vermitteln und Nähe schenken. Er steckt seine Finger in seine Ohren und berührt damit den verschlossenen Hörtrakt des Ertaubten mit der Wärme seiner Hand. Anschließend berührt die Flüssigkeit seines Mundes der Zunge des Stummen. Auch wir haben schon einmal nahen Menschen mit Zunge und Finger unsere Liebe zeigen dürfen. Nichts anderes ist es, was Jesu hier tut. Seinen ganzen Körper stellt er in den Dienst der Heilung. Wer sich so liebkost fühlt, der bekommt die Möglichkeit geschenkt, Ohren und Mund wieder dem Leben gegenüber zu öffnen.

Vielleicht ist manchem unter uns das körperliche Taub- und Stummsein in dieser Erzählung fremd. Auch im übertragenen Sinne? Manchmal hören auch wir nämlich nicht mehr richtig, wie wir unser Leben gestalten sollen; und im Gefolge dessen verschlägt es uns manchmal regelrecht die Sprache, was wir zu Herausforderungen zu sagen haben. Wundergeschichten Jesu – ich finde, sie werden auch immer für uns scheinbar „Gesunde“ erzählt, denen dennoch oft genug ein Ohr für feine Töne und ein Mund voll guter Worte fehlen. Jesu Finger in unseren Ohren – wir brauchen diese Befreiung nicht minder wie der kranke Menschen.

Bei all dem aber weiß Jesus, dass auch er für diese heilende, intime Nähe auf das Hinzukommen eines anderen Geistes angewiesen ist. Deshalb sieht er inmitten der körperlichen Kontaktaufnahme auch noch zum Himmel auf, seufzt voll Mitgefühl und spricht: Hefata! Tu Dich auf. Der Himmel selber muss sich auftun und erbarmen; bevor sich die verschlossenen Ohren wieder öffnen können. Schauen wir hoch, wenn wir nichts mehr hören können. Klagen können wir dabei, seufzen und stöhnen; verbunden mit dem tiefen Wunsch, der Himmel möge ein Einsehen mit uns haben und versperrte Lebensmöglichkeiten neu für uns erschließen. Jesu Ruf jedenfalls wird erhört: Die Ohren des Kranken tun sich auf, die Fessel der Zunge löst sich und, so heißt es zuletzt, er redet richtig, also lebendig, menschlich, hoffnungsvoll, wahr.

Jesus versteht sich als Wohltäter leidender Menschen; und deshalb sagen auch die Freunde jetzt: Alles hat er wohl gemacht. Auch der Mensch, der mir auf meinen Spaziergängen begegnet, darf darauf hoffen: Geöffnet zu werden für eine größere Wahrheit als unsere sichtbare Realität. Denn: Die Tauben macht er auch heute noch hörend und die Sprachlosen redend.

Markus 8,22–25

LIED 648,1+2 (Ausgabe für die Ev. Kirche im Rheinland etc.), Wir haben Gottes Spuren festgestellt
GEBET EG 900, S.1412
LIED EG 648,3

ANDACHT

Liebe Mitfastende!
Wieder einmal sind wir am Ende der gemeinsamen Fastenwoche angekommen. Wir haben vieles zusammen erlebt, uns ausgetauscht, neue Beziehungen wahrgenommen. Und neben den Themen und Referaten stand immer wieder die Beschäftigung mit Fragen, die sich in der Bibel mit Krankheit, Heilung, Genesung und Gesundwerden auseinander setzten. Wir sind dabei Jesus begegnet, wie er Menschen wahrnahm, die eingeschränkt leben mussten. Und wir durften staunend und beglückt erfahren, dass dieser heilmachende Arzt Fähigkeiten besaß, diese Menschen in ein erfüllteres Leben zu entlassen. Schön fände ich, wenn wir diese Geschichten nicht nur in einer vergangenen Zeit verorten würden, sondern spüren: Wir spielen dabei mit, wenn auch uns heute Sorgen und Schmerzen durch Jesus abgenommen werden. Auch wenn wir erleben dürfen, wie Menschen neben uns ein neuer aufbauender Blick in die Zukunft von ihm geschenkt wird. Die Aussätzigen, die Gichtbrüchigen und Taubstummen, die Menschen mit kranken Gliedern – sie alle sind nicht Gestalten einer versunkenen Zeit. Auf die eine oder andere Art sind sie heute noch Teil unseres Lebens und warten zusammen mit uns auf ein erlösendes Wort.

Heute begegnen wir vorläufig zum letzten Mal einem kranken Menschen und wollen auch jetzt noch einmal hören, wie er zu seiner Gesundheit finden durfte. Der Text steht aufgezeichnet in Markus 8, die Verse 22–25: „Sie brachten zu ihm einen Blinden und baten ihn, dass er ihn anrühre. Und er nahm den Blinden bei der Hand und führte ihn hinaus vor das Dorf, tat Speichel auf seine Augen, legte seine Hände auf ihn und fragte ihn: Siehst du etwas: Und er sah auf und sprach: Ich sehe die Menschen, als sähe ich Bäume umhergehen. Danach legte er abermals die Hände auf seine Augen. Da sah er deutlich und wurde wieder zurechtgebracht, sodass er alles scharf sehen konnte."

Ihre Ohren sind, so denke ich, nach der Fastenzeit gespitzt, Ihre Augen sind geöffnet, zu erkennen, welche Schritte Jesus wieder einmal einen Menschen zu seiner Genesung hin führen. Es handelt sich heute um einen Blinden. Er findet seinen Weg nicht allein. Er braucht gefühlvolle Hände, die ihn leiten, begleiten, beschützen und behüten. Meine Schwiegermutter war blind. Und obwohl sie vieles im Haushalt selber erledigen konnte, einkaufen konnte sie nur zusammen mit mir. So zogen wir miteinander los, in meiner linken Hand eine große altmodische Einkaufstasche, meine rechte in der linken Hand meiner Schwiegermutter. Ich sollte sie immer kurz drücken, so war es ausgemacht, wenn eine Stufe zum oder vom Bürgersteig überschritten wurde. Lange drücken, hieß stehen bleiben. So hatten wir uns verständigt und so sind wir immer heil nach Haus gekommen. Lieb war es ihr, wenn ich sie zu Menschen brachte, die sie über die Gemeinde kennen gelernt hatte. Dann trank sie dort bei einer Nachbarin Kaffee oder ließ sich von einem jungen, sozial engagierten Mädchen ihre Studienpläne erläutern. Den Weg jedes Mal dorthin versuchte ich ihr zu erleichtern. So ähnlich wurde ja auch der Blinde zu Jesus geführt. Allein hätte er den Zugang zu ihm nicht gefunden. Aber seine Freunde hatten wohl gehört, dass dieser anrühren und helfen kann. Und so liefern sie ihn bei ihm ab. Darf ich fragen, wer Sie eigentlich schon einmal zu Jesus geführt hat, hierher in die Fastenwoche, in unsere Gemeinde, in den Gottesdienst, in eine lebendige Gruppe? Oder umgekehrt, sind Sie vielleicht diejenige gewesen, die einen Menschen, der in seinem Leben nichts mehr Positives erkennen konnte, in eine gute Glaubensrichtung geleitet haben? Wie dem auch sei, unterschätzen wir nur nicht, dass es hellsichtiger Begleiter bedarf, die einen sehbehinderten Menschen zu einer Licht-Gestalt und einem hellen Heilungsort bringen.

Wieder ist es so, dass sich Jesus ganz privat, persönlich und mit viel Zeit dem kranken Menschen widmet. Bei ihm gibt es keine verkürzte Kassenpatientenabfertigung. Er selber braucht ja Ruhe, Konzentration und eine besondere Umgebung, damit er sich dem hilfesuchenden Menschen auch wirklich intensiv widmen kann. Ich habe es selber erlebt: Auch heute gibt es noch diese Ärzte, Therapeuten, Seelsorgerinnen und Heiler, die sich mit großer Hingabe und ganz selbstverständlich kranken Menschen widmen.

Hatte ich mich früher verletzt, dann tupfte meine Mutter oder auch ich selber Speichel auf die Wunde. Wir wussten: Damit verschwindet der erste brennende Schmerz, und die Heilung kann langsam beginnen. Speichel enthält Leben, Wachstum, Trost. Und eben ihn setzt Jesus nun auch ein, urtümlich, körpernah, intim zugewandt. Er legt seinen Speichel auf die Augen des Erblindeten: Wunderbares Heilungsfluidum, um einem Menschen seine Zukunft zu eröffnen. Anschließend legt er seine Hände auf den Menschen, die ihn wie ein beschützender Mantel umfassen, stärken und aufbauen.

Bis hierhin haben wir die einzelnen Heilungsstadien auch schon in den anderen Geschichten wahrgenommen: Freunde braucht's, die den Erkrankten zu Jesus bringen; ein vom Alltag abgetrennter Ort, damit in Ruhe Heilung fließen kann; Körperkontakt vom Arzt zum Kranken. Aber nun kommt in unserer Erzählung noch etwas Neues hinzu: Nach der ersten Heilungsphase sieht der Blinde noch nicht richtig scharf, sondern Menschen, „die wie Bäume umhergehen." Da ist wohl schon ein Prozess in Gang gesetzt worden, aber die vollständige Genesung steht noch aus. So ist es in unserem Leben ja auch: Es kann lange, manchmal sehr lange dauern, bis es zu einer vollständigen Genesung kommt. Da hilft dann nichts anderes als geduldiges Warten, wenn man nach den ersten Anzeichen spürt: Doch, da tut sich jetzt etwas zum Besseren hin; aber ganz gesund bin ich noch nicht. Auch Jesu Heilungswunder brauchen *ihre* Zeit. Das aber muss keine vertanene Zeit, sondern Stunden und Tage, in denen wir nachsinnen können – vielleicht auch über manches, was in unserem Leben bisher zu kurz gekommen ist, wir also in Zukunft umstellen könnten. Außerdem ist einer Spontanheilung auch nicht jeder unbedingt gewachsen, von jetzt auf gleich mit den wiedergewonnenen Freiheiten vernünftig umzugehen. Es hat schon oft seinen sehr guten Sinn, dass wir Schritt für Schritt, langsam und bewusst auf das eigentliche Heilungsziel zugehen.

Denn zuletzt ist es ja tatsächlich so, dass der blinde Mensch ganz neu alles recht schauen und erfahren kann. Jesus legt nämlich auch ihm ein zweites Mal die Hände auf seine Augen. Damit fällt der letzte Schleier, und der Mensch wird, wie es heißt, wieder zurecht-gebracht, zum vollen Menschenrecht im erfüllten Leben. Er hat ein Recht zu sehen. Und genau dieses verschafft ihm Jesus. Wir kennen die Linsen beim Optiker, die in einen Testrahmen geschoben werden, um uns nach mancherlei Fehlversuchen am Ende helfen, auch noch die allerkleinsten Buchstaben erkennen zu können. Genau diese Klarsicht hat sich Jesus auch für uns vorgenommen, die wir äußerlich gesehen durchaus über Sehkraft verfügen, aber oft nicht so genau wissen, in welche Richtung wir eigentlich schauen sollen. Begegnen wir aber Jesus, dann gehen uns die Augen über und wir erkennen mit großer Klarheit, wie und wohin es mit uns weitergehen soll. Diese Erkenntnis setzen viele Heilgewordene dann so um, dass sie nun hinter Jesus her ziehen, weil sie jetzt endlich klar sehen, was und wer der wahre Weg zum Leben ist.

10 Die sieben Todsünden

„Neid“

LIED EG 395,1+2 (Ausgabe für die Ev. Kirche im Rheinland etc.), Vertraut den neuen Wegen
GEBET EG 881, S.1405
LIED EG 395,3

ANDACHT

„Hast du heute mal wieder gesündigt?“ werden wir bestimmt von unserer besten Freundin in ein paar Tagen gefragt werden. Immerhin hat sie uns erwischt, wie wir nach der Fastenzeit mit einer geradezu schelmischen Freude zwei Sahneteilchen aus der Bäckerei getragen haben. „Ach“, werden wir dann leicht verschämt antworten. „kann das wirklich Sünde sein, so eine kleine Leckerei, wo wir doch so tapfer gefastet haben?“ Lag unsere Freundin völlig daneben? Der Volksmund jedenfalls übersetzt das strenge Wort „sündigen“ gern auch mal in ein erotisches „Malheurchen“, ein „Fiesemattentchen“, (aus der französischen Besatzungszeit: „Komm in mein Zeltchen!“), wie es auch heute noch im rheinischen Karneval hin und wieder vorkommen soll.

Wahrscheinlich können Sie sich gut vorstellen, dass mir als Theologen sich die Nackenhaare sträuben, wenn diese schwergewichtige Wort fast spielerisch eingesetzt wird. Denn uns frommen Gelehrten geht es dabei zunächst gar nicht um einzelne sogenannte „Tatsünden“, sondern um eine insgesamt verquere Lebenseinstellung: Die Abkehr des Geschöpfes von seinem Schöpfer, Sünde also, wie der Apostel Paulus es beschreibt, als ein Leben fernab göttlicher Güte.

Ich weiß, das klingt dann vielleicht doch ein bisschen unkonkret. „Wie sieht denn im Alltag so ein Leben aus, wenn der Menschen den ihm von Gott zugedachten Platz verlässt?“, werde ich dann oft gefragt. Schon die Alte Kirche bemühte sich, darauf eine Antwort zu geben. So kam sie auf die Lehre von den „Sieben Todsünden“, die in ihrer heutigen Fassung auf Papst Gregor den Großen (540–604) zurückgehen. Sie würden vor allem anderen deutlich machen, dass nicht ein Sahnestückchen in die Hölle führt, sondern ein isoliertes, zielloses Leben vor Gott und den Mitmenschen. Eine Gelegenheit also, zur diesjährigen Fastenwoche einmal nicht nur über „kleinen, lässlichen“ Sünden nachzudenken, sondern über die sieben falschen Grundhaltungen, die dahinter stehen. (Nebenbei bemerkt haben britische Forscher in einer BBC-Studie sieben neue Todsünden ausgemacht: Misshandlung, Ehebruch, Fanatismus, Verlogenheit, Heuchelei, Habgier und Egoismus; über die es sich sicherlich auch lohnte, einmal ausführlicher nachzudenken!)

Heute aber bleiben wir bei den alten Bestimmungen und besprechen als erste: Den Neid. Jetzt einmal ehrlich: Wer von Ihnen hätte noch nie die eine oder den anderen von ganzem Herzen beneidet? Im Grunde genommen beginnt diese Einstellung schon sehr früh in unserem Leben: Dann nämlich, wenn wir schmerzhaft erkennen müssen, dass unser Bruder die fescheren Hosen trägt, die wir später einmal nur auf-tragen dürfen. Oder wir sehen in der Schule das prall gefüllte Federmäppchen unserer Nachbarin, mit 24 leuchtenden Farbstiften, während sich die eigene Mutter beim Einkauf auf die Grundfarben beschränkt hat. Da ist er dann: Der ganz normale Alltagsneid. Diese Art von Neid auf Materielles setzt sich im Erwachsenendasein ungebrochen fort: Schmuck, Automarken, Hausgröße, Designercouch, Fernreise – dies alles und vieles mehr, wovon andere in der Tat immer „mehr“ besitzen, kann schon mal zu innerer Unruhe und schlaflosen Nächten führen.

Nun gehört es sicherlich zum menschlichen Wesen, sich durch Dinge, die andere einem vorführen, anregen zu lassen. Vielleicht könnten sie ja auch etwas für einen selber bedeuten? Es kann doch wahrlich keine Sünde, sich nach solcherart anregenden Ideenvergleich z.B. ein schickes Kostüm anzuschaffen. Wo aber fängt dann die tödliche Macht des Neides an, die manchmal so stark werden kann, dass sie eine Tag und Nacht nicht mehr loslässt? Offensichtlich doch da, wo man losgelöst von den eigenen wirklichen Bedürfnissen Menschen um etwas beneidet, das man eigentlich gar nicht notwendig braucht; aber aus Prestigegründen unbedingt haben will. Da muss ein ziemlich lausiger Autofahrer einen hochgebockten Super-Jeep haben, der eigentlich für afrikanische Safaris konzipiert wurde. Jetzt fährt seine Frau damit bei uns durch die alte Poststraße, auf der Rückbank ganz verloren das zweijährige Töchterchen. Ansonsten steht das SUV-Monster (Sport-Utility-Vehicle) unberührt vor dem Car-Port. Warum? Nun, weil die übernächsten Nachbarn die gleiche Anschaffung getätigt haben. Also: Der Tod im Topf beginnt damit, den Blick für die eigenen Lebensrealität zu verlieren und sich für Dinge zu entscheiden, die am Ende zur Belastung werden. Man sieht die „Güter" anderer und verspielt dabei das höchste „Gut" – Zufriedenheit!

Diese unglücklichmachende Sicht übt vor allem dann ihren lähmenden Einfluss aus, wenn über die materiellen Neidattacken hinaus gesellschaftliche Hierarchien einen nicht mehr zur Ruhe kommen lassen: „Warum hat der den einflussreicheren Posten im Betrieb? Warum ist ihr Beruf öffentlich anerkannter als meiner? Warum haben deren Kinder mehr Erfolg als unsre? Warum werden die eingeladen und wir nicht? Warum kann der so gut malen, musizieren, reden tanzen – und ich kann das alles nicht? Warum ist die rhetorisch so geschickt, belesen und klug – und ich komme mir daneben völlig ahnungslos vor? Warum ist der so durchsetzungsfähig und mutig – und ich kneife meist schon beim kleinsten Konflikt?" So könnte ich ungehindert fortfahren. Und wir alle machen beim Neid-Vergleich mit!

Warum aber wird dieser Blick zu einer tödlichen Falle? Noch einmal, nicht dadurch, dass wir uns von den Gaben anderer im positiven Sinne beeindrucken, anspornen und anregen lassen. Doch wohl eher durch die völlig unrealistische Einschätzung der eigenen Person: Ich bin beleidigt, weil andere anderes können. Diese Konkurrenten aber können wir nicht gelten lassen. Wir wollen die Größten sein. Und damit sind wir genau wieder bei der Ur-Sünde angelangt: Nämlich dem heimlichen Wunsch, so sein zu können – wie Gott. Diese Sucht hat aber zwei negative Aspekte: Nicht nur gönnen wir den anderen ihre – ja auch immer nur begrenzten – Möglichkeiten nicht. Nein, wir erkennen darüber hinaus im blinden (!) Neid auch nicht mehr, mit was für vielfältigen Gaben der Schöpfer nun gerade auch uns persönlich ausgestattet hat. Dabei übersehen wir nicht nur das tägliche Wunder, dass wir allesamt in unseren Breiten genügend zu essen und einen warmen Schlafplatz haben. Wir nehmen nicht mehr den Humor wahr, den Gott uns geschenkt hat, oder unsere Sprachbegabung, unsere handwerklichen Fähigkeiten und unser Organisationstalent. Stehen wir aber nicht mehr staunend vor dem Wunderwerk unseres einmaligen Menschseins, dann schnappt die tödliche Unzufriedenheitsfalle zu. Deshalb haben die alten Weisen den „Neid" zu den Todsünden gezählt, weil er rastlos und undankbar und unglücklich werden lässt. Blind für die Güte Gottes. Verblendet für die eigene Schönheit. Augen also auf für das, was wir haben und können! Auf ein großes Blatt Papier den Reichtum aufschreiben, der uns täglich umgibt. Und dann ein sanftes Lächeln den SUV's in der Nachbarschaft gönnen.

„Trägheit"

LIED EG 651,1+2 (Ausgabe für die Ev. Kirche im Rheinland), Freunde, dass der Mandelzweig
GEBET EG 916, S.1422
LIED EG 651,3+4

ANDACHT

Liebe Fastende!
Sie entsinnen sich natürlich: Wir wollen diese Andachtsabende dazu nutzen, uns über das heutige Verständnis von „Sünde" auszutauschen. Nein, nicht irgendwelcher kleiner Vergehen. Auch nicht nur abstrakt über die Sünde der Gottesferne und Menschenfeindschaft. Wir versuchen stattdessen, die alte Weisheit der „Sieben Todsünden" wieder zu entdecken. Warum sie wohl so heißen? Nun, ich denke, nicht nur weil ihr Vergehen so schwerwiegend ist, sondern weil sie in der Tat für den betreffenden Menschen und seine Umgebung tödlich, also lebensfeindlich und vernichtend sein können.

Am heutigen zweiten Abend widmen wir uns der Todsünde namens „Trägheit". Sie mag uns zunächst fremd erscheinen, zumal es während einer Fastenzeit geradezu geboten erscheint, sich seelisch und körperlich einmal völlig gehen lassen zu dürfen. Dem eigenen Rhythmus nachzulauschen, Ernährungsumstellungen auszuprobieren, das darf man während dieser Tage bewusst tun: Ein bisschen faul, ein bisschen behäbig auch. Dazu kommt, dass manche unter Ihnen sich eine gewisse Ruhe auch nach der Fastenerfahrung erhalten wollen; stehen doch längst nicht alle mehr in einem kontinuierlichen Arbeitsprozess. Trägheit ist erlaubt.

Ich gebe Ihnen recht: Zeiten des Innehaltens – und zwar nicht nur einmal im Jahr – haben einen hohen Stellenwert, sind geradezu über-lebensnotwendig. Platz soll frei gemacht werden für Meditation und Spiritualität; nicht weniger wie für ungewohnte Gedanken und unerprobte Gefühle. Wie schrecklich einseitig würde unser Leben aussehen, wenn wir neben der Arbeit, all den Verpflichtungen und Leistungsanforderungen keine Stunden mehr kennen würden, in denen wir uns wohlig im Bett räkeln, eine Kerze auf dem Beistelltisch, ein Buch aus dem Schoß? Entspannungsmomente, in denen wir uns die wahren Werte des Lebens klar machen.

Mit der Todsünde der „Trägheit" wird offensichtlich also keineswegs ein normales und befreiendes Ausspannen angeprangert. Was aber dann? Wir gehen davon aus, dass wirkliche Todsünden wahres Leben verhindern. Sie lassen also nicht zu, dass man die Mitte des Seins entdeckt und erfährt. Stattdessen sorgen sie dafür, dass man den göttlichen Geber unserer wahren Lebenschancen aus den Augen verliert und sie anschließend deshalb für sich nicht ausschöpft, also die eigenen Möglichkeiten verspielt.

Echte Trägheit tötet Leben ab, macht lahm, phantasielos und außergewöhnlich blass. Die alten Weisen gingen nämlich schlichtweg davon aus, dass jeder Mensch für sein Leben ein besonderes Potential mitbekommen hat: das Geschenk des Glaubens, das einen in großer Dankbarkeit einlädt zum Wachsen, Reifen, Sich-entfalten und Strahlen. Natürlich äußern sich diese Gaben in unterschiedlichen Farben und Formen. Aber sie gehören zum wahren, erfüllten Menschsein dazu. Menschsein, oder sage ich doch besser Christsein bedeutet, sich zu bewegen, sich weiterzuentwickeln, sich zu entfalten, unterwegs sein, sich selber Herausforderungen zu stellen und neugierig neuen Situationen und Konstellationen zu begegnen. Das kann ich immer ausprobieren: Als junger Mensch wie als alter Mann, als weniger Begüterter wie als finanziell reich Gesegneter, als Hochbegabter wie als Normalsterblicher. Trägheit löscht aber all diese Lebensenergie in mir aus. Sie verleugnet auch Gottes Wirken in mir. Überwinde ich sie aber, dann lasse ich durch Gottes Geist Lebens-Energie und leuchtende Buntheit durch mich fließen.

Das mag Ihnen vielleicht jetzt zu abstrakt klingen. Wie gehe ich im Alltag die Überwindung meiner Trägheit an? Es gibt nicht umsonst inzwischen eine Fülle von Lebens-Ratgebern, die auf sehr unterschiedliche Weise eine Art Hilfestellung zur Überwindung der eigenen Trägheit anbieten. „Simplify your life" („Vereinfache Dein Leben!") heißt einer von ihnen. Aber die Umsetzung dieser Anregungen muss doch letzten Endes jeder und jede für sich selber herausfinden.

Dennoch gibt es Fragen, die uns bei der Überwindung der Trägheit helfen können z.B.: „Wie teile ich meinen Alltag ein? Wann gehe ich zu Bett, um am nächsten Tag wach, aufnahmefähig und lebhaft zu sein? Welche Übungen tun meinem Körper gut? Welche Verpflichtungen Menschen gegenüber vernachlässige ich? Wovon möchte ich mich nicht mehr ablenken lassen? Welche wichtigen Themen bleiben in meinem Fokus? Wie pflege ich meine Seele? Was tue ich für meinen Glauben? Auf welches Aufgabengebiet konzentriere ich meine begrenzten Kräfte? Wo ist es sinnvoll, auch einmal Unlust, Müdigkeit und Abneigungen zu überwinden – um eines höheren Zieles willen?"

Noch einmal, es geht heute Abend nicht darum, sich selber die letzten Ruheplätze und Mußestunden zu nehmen. Die Überwindung der Trägheit soll uns aber dazu befähigen, noch ungeahnte und bisher ungehobene Möglichkeiten unseres Lebens neu zu entdecken und damit Gott für all die Gaben zu danken, die er in einen jeden und eine jede von uns persönlich investiert hat. Trägheit lässt verarmen. Aber schon nach dem kleinsten Sieg über sie erwartet uns ein erfüllteres Dasein, das uns in vielerlei Hinsicht bereichern wird.

„Zorn"

LIED	EG 669,1–3 (Ausgabe für die Ev. Kirche im Rheinland etc.), Herr, gib mir Mut zum Brückenbauen
GEBET	EG 875, S.1401
LIED	EG 669,4+5

ANDACHT

Nach den beiden – ich sag' einmal – eher „ruhigeren und verborgeneren" Todsünden – Neid und Trägheit –, die wir bisher bedacht haben, wird es heute ziemlich laut. Denn die dritte Sünde, die nach der Weisheit der Alten Kirche ein besonders schwarzes und hässliches Gesicht hat, ist der Zorn. Es geht dabei um das weite

Feld unkontrollierter Ausbrüche, wütender Begegnungen, Ärger, Anschuldigungen, tiefe innere Getroffenheit – die alle zusammengenommen nach Außen hin explodieren.

Moment einmal, möchten wir diesen scheinbaren Automatismus jetzt unterbrechen: Diese Kettenreaktion ist kaum nachvollziehbar. Haben wir nicht gerade in den letzten Jahrzehnten gelernt, dass es für jeden Menschen gut und gesund ist, in besonderen Situationen seinem Ärger Ausdruck zu verleihen? Viel zu lange haben wir, oft ja gerade die Frauen unter uns, den Mund gehalten, wenn wir eigentlich auf Missverhältnisse, Demütigungen und Ungerechtigkeiten lauthals hätten aufmerksam machen sollen. Derart verstummt, haben viele Menschen in ihrer Seele kummervolle, kränkende Erfahrungen gemacht. Ist es also nicht umgekehrt geradezu ein Zeichen von Reife, Mündigkeit und Selbstbewusstsein, Verletzungen und Wut nicht herunterzuschlucken, sondern all das offen und mutig auszusprechen, was einen stört, demütigt und quält?

Jedes Seelsorgegespräch, jede gute Therapie gründet auf dem Glauben an eine offene und ehrliche Aussprache. Erst der benannte Kummer kann bewältigt werden. Es gibt Phasen in psychotherapeutischer Begleitung, da soll ich mit Fäusten auf ein Kissen einschlagen, meinen Zorn über einen Menschen, der mich wissentlich ausgenutzt und hintergangen hat, hinausschreien. Ist es nicht manchmal überlebensnotwendig, unumgänglich, sich wutentbrannt gegen Ungerechtigkeiten im Geschwister- oder Bekanntenkreis zur Wehr zu setzen? Muss ich mich nicht schon aus Selbstachtung lautstark äußern, wenn ich auf meinem Arbeitsplatz nicht nur übergangen, sondern sogar hinausgeekelt werden soll? Müssen nicht schon Kinder in die Lage versetzt werden, sich weinend, sich beschwerend und beklagend gegen massive Einschränkungen zu wehren; damit diese unausgesprochen eben nicht ein Leben lang in ihnen weiterwuchern? Kurz und gut: Kann nicht „Zorn" ein reinigendes Mittel sein, ungute Sachverhalte zu entschleiern, Schuldige zu benennen und somit zur wahren Heilung eines gestörten Lebens wesentlich beizutragen?

Ich denke, wir müssen an diesem Punkt eine Unterscheidung treffen zwischen einer durchaus berechtigten wütenden Äußerung und einem grenzenlosen Zornausbruch. In der Heiligen Schrift ist nämlich eines seiner Kennzeichen, dass er völlig unberechenbar, zerstörerisch und grenzenlos auftritt. Er zieht eine Spur der Verwüstung hinter sich her, vernichtet somit das, was er eigentlich vorgibt zu wahren und zu schützen: Nämlich Ausgleich und Gerechtigkeit. Solcherart Zorn möchte ungehindert, maßlos, auf immer und ewig das Gegenüber, das einen bis zur Weißglut gereizt hat, nun mit dessen eigenen Waffen schlagen und – wenn es denn irgend möglich ist – auslöschen und vernichten. Ein echter Zorniger ist nicht mehr zu steuern und zu bremsen. Er ist völlig blind. Er will, weil er selber vorher so verletzt wurde, nun auch völlig wild um sich schlagen dürfen. Damit tut er aber genau das, worunter er vorher selber gelitten hat, nämlich rücksichtslos einen anderen mundtot zu machen; also einem Täter keine Chance mehr zur Reue, zur Buße, zur Änderung zu lassen. Zorn möchte tot machen, was (oder wer) einem selber vorher die Luft genommen und das Leben abzuwürgen drohte.

„Zürnt ihr, so sündigt nicht“ zitiert der Epheserbrief (4,16) einen alten Psalmvers. Wenn es also wirklich einmal zu einer wütenden Reaktion unsererseits auf Ungereimtheiten kommt, dann soll solcherart Zorn vor der Sünde des ungebremsten Hasses, der Gewalt und unbegrenzter Rache zurückschrecken. „Lasst die Sonne nicht über eurem Zorn untergehen“, lautet der Text weiter. Also: Die ersten Zorneswallungen bekommen ein anderes Gesicht, wenn man ihnen Zeit gibt, beruhigende und klärende Gedanken zu entwickeln. Aufbrausender Zorn soll über Nacht nicht andauern, schon allein weil man selber dann keine Ruhe mehr findet. Darüber hinaus gilt der Rat des Apostel Paulus: Wenn dich wieder einmal Rachegefühle aufgrund von Verletzungen überrollen wollen, dann tritt einen Schritt zurück und lass einen anderen vor: „Rächt euch nicht selbst, meine Lieben, sondern gebt Raum dem Zorn Gottes.“ (Röm 12,19) Die Aufarbeitung und Zurechtrückung unguter Erfahrungen darf man getrost Gott selber überlassen. Er wird gewiss dafür sorgen, das Verletzungen geheilt, Verletzer in ihre Schranken geweisen und Opfer getröstet werden.

Schließlich: Im Zorn werden oft Dinge gesagt und getan, die weit über das Ziel hinausschießen, die gesamte Situation erschweren und oftmals nur schwer noch rückgängig gemacht werden können. Deshalb rät der Jakobusbrief: „ Ein jeder Mensch sei schnell zum Hören, langsam zum Reden, langsam zum Zorn.“ (Jak 1,19). Damit empfiehlt er eine abwartende, reflektierende, beruhigende Einstellung, die nach einer Zeit schon die rechten, sachlichen Worte finden wird. Ich weiß selber, wie schwer es ist, Zorngefühle zu unterdrücken, den Mund zu halten und ruhig zu bleiben, wenn es einem förmlich in den Fingern kribbelt, verbal oder auch sonst zurückzuschlagen. Aber ich weiß mehr noch, wie viel Scherben so ein Elefantenauftritt im Porzellanladen der Beziehungen anrichten kann, die lange Zeit brauchen – wenn überhaupt – wieder gekittet zu werden. Im Grund würde deshalb wahrscheinlich jedem von uns ein Anti-Aggresionstraining gut tun.

Deshalb gehört der „Zorn" noch heute zu den Todsünden, weil er die Gefahr in sich trägt, Beziehungen auf Dauer zu beschädigen. Auch ich habe durch sein Ausbrechen in mir Freunde verloren. Ruhe, Abwarten, Zeit verstreichen lassen: All dies kann für Konfliktsituationen wesentlich heilender und bereichernder sein. Niemand hat dieses geduldige Abwarten besser in einem Gedicht formuliert als der Dichter Theodor Fontane: „Erscheint dir etwas unerhört, / Bist du tiefsten Herzens empört, / Bäume nicht auf, versuch's nicht im Streit, / Berühr es nicht, überlaß es der Zeit. / Am ersten Tag wirst du feige dich schelten, / Am zweiten lässt du dein Schweigen schon gelten, / Am dritten hast du's überwunden, / Alles ist wichtig nur auf Stunden, / Ärger ist Zehrer und Lebensvergifter, / Zeit ist Balsam und Friedensstifter.

„Wollust und Völlerei"

LIED EG 383, 1+2 (Ausgabe für die Ev. Kirche im Rheinland), Herr, du hast mich angerührt
GEBET EG 980, S.1457
LIED EG 383,3+4

ANDACHT

Bisher, so wird man wohl sagen können, haben wir uns mit Gefährdungen beschäftigt, die den „inneren Menschen", seine Gefühle, seine Geisteshaltung betrafen. „Neid, Trägheit und Zorn" hatten etwas mit unserer seelischen Verfasstheit zu tun. Heute, gegen Ende unserer diesjährigen Fastenwoche beschäftigen wir uns mit zwei Todsünden, die unsere Leiblichkeit betreffen. Es handelt sich um die mit den altertümlichen Worten umschriebenen Gefahren der Wollust" und der „Völlerei". Wobei sicherlich nicht vergessen werden darf, dass auch hinter diesen scheinbar zunächst nur physischen Phänomenen, ihren körperlichen Auswüchsen und leiblichen Exzessen durchaus seelische Ursachen stecken können.

Aber der Reihe nach. Wir haben bisher gesehen: Alle Todsünden, die im Extremen überborden, haben zunächst durchaus einen Kern berechtigter Anliegen. „Neid" kann in die Lage versetzen, durch die bestaunten Möglichkeiten anderer die eigenen Fähigkeiten anzuspornen. „Trägheit" dient im gesunden Maße der Entspannung und Ausgeglichenheit. „Zorn" möchte Sachverhalte zum Ausdruck bringen, die kritisierenswert sind. Nicht viel anders sieht es auf den ersten Blick auch mit den Phänomenen der „Wollust" und „Völlerei" aus.

Wir sind nun einmal nicht als rein vergeistigte Wesen von Gott geschaffen worden. Wir alle haben einen Körper. Und dieser Körper freut sich an Lust, Genuss und Freuden. Essen und Sex sind deshalb ganz zurecht für viele Psychologen die Urtriebe menschlichen Lebens. Jedes Alter kennt auf seine Art den Genuss dieser im wahrsten Sinne des Wortes körperlichen Freuden. Körperliches Angezogenwerden, Erotik und geschlechtliche Beziehungen lassen – wenn sie denn gelingen – den eigenen Gefühlshaushalt und Empfindungsbandbreite in einem reichen, bunten, zauberhaften Licht erscheinen. Der Mensch ist dazu in der Lage, sich und gleichzeitig ein anders Geschöpf, das verschieden und dennoch nah ist, zu bewundern, zu ergänzen und schlicht zu genießen. Ohne Sexualität also nicht nur kein Fortleben der Menschheit. Ohne diese zärtlichen Begegnungs-Formen auch kein tiefes Hinabgleiten in die Wonnen und Liebeserfahrungen, zu denen Menschen phantasievoll in der Lage sind.

Nicht anders verhält es sich mit der Ernährung, den unterschiedlichen Formen unseres Essens. Gerade, wenn absehbar ist, dass jede Fastenzeit auch ein Ende hat, wird deutlich wie überlebensnotwendig die tägliche Nahrung ist. Und auch wie lustvoll sie ist. Das schönste Erlebnis nach den enthaltsamen Tagen ist doch immer die Freude auf scheinbaren Kleinigkeiten: Ein Apfel, ein Stück Käse, ein Schluck Wein – sie werden zu einer Art Lebens-Kunst-Genuss. Kein geselliges Beisammensein, das in den nächsten Wochen nicht mit einem festlichen Diner gekrönt sein wird. Keine einfache Brotzeit auch, die nach einer langen Bergwanderung am Gipfel nicht besonders gut schmeckt. Kein Eintopf, der nach einem langen Arbeitstag, aus der Kälte heimkommend, die Seele nicht aufwärmt. Keine Nahrungsaufnahme, die nicht immer auch erfreut, belebt, erfrischt und im wahrsten Sinne des Wortes bereichert.

Aber nun ist es offensichtlich eine auch unter uns nur allzu bekannte Tatsache, dass gerade diese beiden Erscheinungen, die das Leben überhaupt am Leben erhalten, nämlich Sex und Schmaus, in ihren Zerrbildern uns ungemein gefährden können. Es ist ein offnes Geheimnis: Zärtlichkeit und geschlechtliche Vereinigung ruhen auf einem höchst sensiblen Gleichgewicht. Wahrscheinlich haben wir alle schon auf die eine oder andere Art die Schattenseiten dieser im Grunde doch so wunderbaren Gottesgabe erlebt. Oder auch bei anderen wahrgenommen. Wir leben ja in einer Gesellschaft, die es inzwischen gelernt hat, offen über wollüstige Missbräuche zu diskutieren. Körperliche Ausbeutung, Übergriffe, Abhängigkeiten, Verletzungen, Zwang, Schmerz und Scham – sie bilden die Molltöne körperlicher Lust. Wobei, nebenbei bemerkt, die ständige Thematisierung derselben in Talkshows gerade nicht zu ihrer Überwindung beiträgt. Der Alten Kirche ist es in keinster Weise um die Verteufelung körperlicher Freuden gegangen. Sie hat aber herausgespürt, dass dieser Lebensbereich eine Dämonie entfalten kann, die den Menschen versklaven kann. Denn solch menschenverachtendes Verhalten hat immer auch innere Ursachen. Menschen, die andere Menschen nur zum eigenen Lustgewinn erniedrigen, quälen und ungehemmt jede Möglichkeit sexuellen Auslebens ergreifen, erscheinen – liest man etwa einschlägige Gerichtsgutachten – als verstörte, einsame, unreife und deshalb eben oft aggressive Täter. Es gelingt ihnen nicht, die Folgen ihres Verhaltens – und zwar für alle Beteiligten – einzuschätzen, da es ihnen ausschließlich um die Befriedigung ihrer Bedürfnisse geht. Das aber zerstört Gemeinschaft. Aber dieser Versuchung begegnen wir ja immer wieder. Es hilft, den Menschen, dem wir zärtlich begegnen wollen, als ein Mitgeschöpf zu sehen, das nur in Freiheit und Selbstbestimmung – so wie wir es auch für uns erwarten – zur sexuellen Erfüllung finden wird.

Gar nicht viel anders siehst es mit ihrer dunklen Schwester der Wollust, nämlich der Völlerei aus. Mit kommt bei diesem Begriff immer das Bild dekadenter trunkener römischer Kaiser vor Augen, die sich vollgestopft mit einer Pfauenfeder das Essen wieder herauskitzeln ließen, um mit dem Fressgelage nicht aufhören zu müssen. Völlegefühle aber kennen auch wir, wenn wir uns mit Essen vollgestopft haben, das letzten Endes unserem Körper mehr geschadet als genützt hat. Das, was eigentlich dem Aufbau, der Stärkung und Gesundung dienen soll, kippt oft genug durch unkontrolliertes, gieriges Prassen, Schlemmen und Saufen völlig um – mit all seinen gesundheitlichen Folgen und Spätfolgen. Nicht ohne Grund haben Sie sich ja auch zu einer Fastenwoche entschieden, um sich u.a. unseres gesundheitsschädigenden Verhaltens bewusst zu werden. Zum Glück hat sich auf diesem Gebiet inzwischen viel getan. Jedes Kind weiß heute sehr genau, dass z.B. Rauchen und übermäßiger Alkoholgenuss verheerende Konsequenzen haben können. Eine ganze Industrie ist sei den 70er Jahren entstanden, die mit Bio-Produkten ein völlig neues Ernährungsbewusstsein gefördert hat. Dennoch geraten wir immer wieder in die Versuchung der „Völlerei". Warum? Nun, auch hier sehen die Ursachen nicht viel anders aus als bei der „Wollust": Fühlen wir uns innerlich leer, einsam, ausgebrannt und ausgenutzt, dann ist der ständige Gang zum Kühlschrank fast schon vorprogrammiert. Unterschiedliche Formen der Essstörungen nehmen zu – oft aus Verzweiflung und tiefer Lebenstrauer. Ich habe miterlebt, was es für einen Kampf bedeutet, aus derartigen Abhängigkeiten wieder frei zu werden. Niemand will Ihnen Ihr Sahnetörtchen wegnehmen. Ich kenne selber nur zu gut meine Schokoladentrösterchen. Gefährlich wird es nur dann, wenn ich versuche, meine Lebensdefizite mit Unmengen von Essen zuzudecken. Lösen werde ich sie dadurch sicherlich nicht. Ich werde ja schon äußerlich gesehen immer unbeweglicher. Ein ungesundes Maß an Nahrung schadet eben nicht nur dem Körper, sondern lässt am Ende auch die Seele verhungern. Aber man kann „essen" wieder erlernen; wirklichen Genuss, Maß und Ziel also wieder neu zu bestimmen. Auch dazu ist unser Zusammensein in der Fastenzeit gedacht. Durch Reduktion und Konzentration kann man sowohl der „Wollust" wie auch der Völlerei einen Riegel vorschieben. Denn Zärtlichkeit und Genuss wollen im Grunde ja nichts anderes, als das Leben nicht einzuengen, sondern es lebendig zu erhalten und reich zu machen.

„Geiz und Hochmut“

LIED EG 652,1+2 (Ausgabe für die Ev. Kirche im Rheinland etc.), Von guten Mächten treu und still umgeben
GEBET EG 926, S.1427
LIED 652,5+6

ANDACHT

Wir sind mit diesem Abend am Ende unserer Fastenwoche und damit auch am Ende der Beschreibung der „Sieben Todsünden“ angelangt. „Neid, Trägheit, Zorn, Wollust und Völlerei“ haben uns bisher deutlich gemacht, dass diese verqueren „Lebens-Äußerungen“ immer auch eine gefährliche innere „Lebens-Einstellung“ verraten. Wir stehen als verführbare Menschen eben immer in der Gefahr, quer zu stehen zu den guten Möglichkeiten, die auch in uns angelegt sind. Anstatt großzügig zu gönnen, werden wir neidisch; statt phantasievoll unser Leben anzupacken, dümpeln wir manchmal durch unsere Tage; statt Verständnis und Geduld zu zeigen, entflammt unser Zorn; statt Zärtlichkeit und ein gesundes Maß zu pflegen begeben wir uns wollüstig auf ungesundes Terrain.

Nun weiß ich wohl, dass kein Menschenleben nur von schwarz oder weiß bestimmt ist. Es gibt so viele Graubereiche, und wir pendeln im Laufe unserer Jahre doch immer wieder neu von der einen zur anderen Seite. Es gibt sie, diese Tage, an denen wir uns zufrieden und erfüllt empfinden, ebenso wie die anderen, an denen wir unsere gesamte Umgebung verwünschen könnten. Vielleicht ist es ja eine der wichtigsten Lebens-Aufgaben, die uns gestellt werden, in der Mitte aller Möglichkeiten so etwas wie einen persönlichen Pfad für uns zu entdecken. Der schwäbische Dichter Eduard Mörike hat das so ausgedrückt: „Wollest mit Freuden / Und wollest mit Leiden / Mich nicht überschütten! / Doch in der Mitten / Liegt holdes Bescheiden.“

Darüber hinaus glaube ich aber, dass die eigentliche Ursache aller Todsünden auf eine grundsätzlich vergiftete Quelle zurückzuführen ist. Im Grunde sind sie in all ihrer Unterschiedlichkeit doch immer nur das gleiche unglückliche Zeichen dafür, dass der Mensch seinen ihn bestimmten Ort in der Welt verlassen hat. Er verweigert sich dem sinnvollen Eingebundensein in die gesamte Schöpfung. Und schwingt sich auf den Thron des Weltbeherrschers. Und eben dies machen zuletzt noch einmal in geradezu unüberbietbarer Weise die letzten beiden Todsünden deutlich, denen wir uns heute widmen wollen, nämlich „Geiz und Hochmut."

Keine Frage, wir Menschen sind bei allem geistigen Interesse auf eine materielle Grundlage und Sicherheit angewiesen, um überleben zu können. Wer dauerhaft hungert und friert, dem fällt der Aufstieg in eine seelische Erhebung schwer. Was ist es aber, das wir wesentlich brauchen, um auf einer gesunden Basis die vielen Möglichkeiten, die uns angeboten werden, ausprobieren zu können? Ein Zimmer gehört dazu, Wärme und Schutz. Und nach dieser Woche auch wieder Nahrung, die stärkt und erfreut. „Was ist Glück?" hat Theodor Fontane einmal gefragt: „Eine Gries-Suppe, eine Schlafstelle, gute Freunde und keine Zahnschmerzen. Das ist schon viel." Natürlich, wer wollte das bestreiten, ist es schön, ein kleines „Polster" für unvorhergesehene Umstände zu haben, eine gute Versicherung in Krankheitsfällen, Möglichkeiten zum Verreisen. Da sieht die Höhe der Sicherheiten, die wir gerne hätten, wahrscheinlich bei jedem und jeder von uns anders aus. Aber neben dieser – ich nenn' es einmal – natürlichen Lebensbasis, schleicht sich dann doch der Geiz in unser Denken ein. Er entsteht, wenn wir uns über das eigentliche Fundament unseres Lebens, der Liebe Gottes nämlich, nicht mehr bewusst sind. Empfinden wir ihn nicht mehr als denjenigen, der uns trägt – übrigens auch durch die Unterstützung mancher Engel –, dann muss ich mich allein gegen alle möglichen Gefahren absichern. Diese Angst, zu kurz zu kommen, scheint mir letztlich dem Phänomen des Geizes zugrunde zu liegen. Oft sind es ja erstaunlicher Weise recht begüterte Menschen, die sich ausgesprochen knausrig erweisen, während manchmal Mittellose weit ihre Taschen öffnen. Beispielhaft stellt Jesus uns einmal eine arme Witwe vor Augen, die ihr letztes „Scherflein" verschenkt, weil sie sich in Gottes Händen völlig geborgen fühlt. Geizigen Mensche fehlt letztlich dieses Gefühl des Getragenwerdens. Deshalb werden sie einsam, misstrauisch und unruhig. Es ist ja niemand da, auf den sie sich verlassen könnten – nur man selbst! Wie anstrengend! Zur Todsünde wird der Geiz, wenn man nicht hinter allen guten Gaben, die ja doch jeder und jede mehr oder weniger geschenkt bekommen hat, den großzügigen Schöpfer erfährt, der noch niemanden ganz im Stich gelassen hat und deshalb nichts anderes als unsere Dankbarkeit verdient. Nimmt man aber alles, was man hat, aus seinen Händen, dann ist es nur noch ein kleiner Schritt, davon in aller Großzügigkeit etwas weiterzuverschenken. Der Geiz wandelt sich in Weite, die sich am Ende gerade durchs Weggeben doppelt und dreifach beschenkt fühlt.

Zuletzt: Die Alte Kirche wusste um eine Todsünde, die sie als die „Sünde aller Sünden bezeichnete", weil mit ihrem Einzug in unser Herz die grundsätzlich falschen Weichen ins Verderben gestellt werden. Und das ist die „superbia", der Hochmut. Sie taucht schon auf den ersten Seiten der Bibel auf, wenn berichtet wird, wie der kleine Mensch in ungeheurer Anmaßung versucht, den großen Gott zu entthronen. Und es ist ebenfalls der Hochmut, der scheitert, wenn auf den letzten Seiten der Bibel der Untergang der großmäuligen und überheblichen Stadt Babylon angekündigt wird. Hochmut ist deshalb die Ursünde, weil mit ihr der Mensch seinen begrenzten Platz in der Welt verkennt und tatsächlich sich vornimmt, wie es in der Paradiesgeschichte heißt, sein zu wollen wie Gott! Dieses Sich-Selber-Überheben hat dann aber nicht nur Konsequenzen im gestörten Verhältnis zwischen Schöpfer und Geschöpf. Hochmütige Menschen sind eben auch unerträglich im tägliche Umgang mit ihren Mitmenschen. Weil sie ja scheinbar alles wissen, alles können, über alles und jeden verfügen dürfen, niemanden anerkennen, der ihnen Maß, Ziel und Grenze setzen würde, kann das Zusammensein mit Ihnen zur emotionalen Qual werden. Der sich selbst nicht mehr hinterfragende Pascha zu Hause, die von sich selber völlig eingenommene Chefin, frei von jeder Selbstkritik, die unbelehrbare Autoritätsperson – sie alle kommen uns bekannt vor, auch weil wir selber in diese Rollen schlüpfen. Wir kennen diese hochmütigen Allüren. Sie machen aber auf die Dauer – genauso wie der Geiz – einsam und allein. Das alles muss aber so nicht enden. Die Bibel, die vor hochmütiger Auflehnung so eindringlich mahnt, lädt genauso intensiv zu einer anderen Grundhaltung ein: „Gott widersteht den Hochmütigen, aber den Demütigen gibt er Gnade." (1. Petr 5,5) Es ist Gnade, sich auf die Liebesgeschenke Gottes im eigenen Leben fest verlassen zu dürfen; sich damit auch als begrenzten Menschen akzeptieren zu können; um schließlich auch alle anderen um einen herum im gleichen himmlischen Lichtkreis zu sehen. Wer sich so geborgen fühlt, hat es nicht mehr nötig, sich über andere hochmütig zu erheben. Dieser Fürsorge Gottes kann man am Ende nur staunend, dankbar und demütig begegnen. Frei und entkrampft können wir so zu unseren Fähigkeiten, aber auch zu unseren Grenzen stehen, weil Gott immer größer ist als unser Herz. (1. Joh 3,20).

Vergessen Sie auch nach dieser Woche nie die Gefahren, in die die Sieben Todsünden uns immer wieder bringen können: „Neid und Trägheit, Zorn, Wollust und Völlerei, Geiz und Hochmut" versuchen unser wahres Menschsein zu beschädigen. Wie gut, dass wir – auch durch diese gemeinsame Fastenwoche – die Möglichkeiten geschenkt bekommen, sie mutig und gläubig zu überwinden.

11 Die vier Kardinaltugenden

„Weisheit“

LIED EG 664,1+2 (Ausgabe für die Ev. Kirche im Rheinland etc.), Wir strecken uns nach dir
GEBET EG 939, S.1434
LIED EG 664,3

ANDACHT

Liebe Mitfastende!
Eine Fülle von Texten und Themen haben wir in den vergangenen Jahren während unserer gemeinsamen Fastenzeit bedacht. Bei der Suche nach neuen Aspekten fiel mir in einer Zeitschrift ein Artikel ins Auge. Er trug die Überschrift: „Sehnsucht nach Werten“. Darunter stand folgender Text zu lesen: „In Zeiten großer Unsicherheit geht unser Blatt gesellschaftlichen Kernfragen auf den Grund: ‚Was gibt uns Halt, was gibt uns Orientierung? Was zählen heute noch Werte und Tugenden wie Verantwortung und Mitgefühl, Ehrlichkeit, Treue, Gerechtigkeit, Respekt und Courage?‘“ Da hatte ich mein Thema gefunden: „Sehnsucht nach Werten“. Dabei möchte ich mich für die ersten vier Andachten an den sogenannten „Kardinaltugenden“ orientieren, die auf den griechischen Philosophen Plato zurückgehen. Die letzte Andacht widme ich den sogenannten „Sekundärtugenden“.

Wir beginnen heute unsere Andachtsreihe mit der „Weisheit“. Die griechischen Philosophen bezogen sich zunächst dabei auf das delphische Orakel mit seinem weisheitlichen Sinnspruch: „G’nohti s’auton“, „Erkenne dich selbst!“ Was für ein kluger Ansatz: Erst, wenn ich mich selbst erforscht und kennen gelernt habe, mich mit meinen Fähigkeiten und Mängeln durchschaue, weiß ich etwas mit meinem Leben anzufangen. Denken Sie jetzt selber einmal über den bisherigen Lauf Ihres Lebens nach: Wie Sie versucht haben, als Jugendlicher und junger Erwachsener sich in der Welt umzuschauen und zu orientieren. Die Allerwenigsten von uns wissen ja im Vornhinein, zu was sie fähig sind und zu wem sie passen. Nur wenige Menschen mit besonders herausragenden Fähigkeiten wissen schnell und instinktiv, welche Richtung ihnen vorgezeichnet ist. Die meisten müssen sich eher auf einen manchmal auch recht mühevollen Weg begeben, um sich selber zu entdecken: „Was sind meine Begabungen und wie könnte ich diese eventuell auch beruflich umsetzen? Wie sehen meine Schwächen und Mängel aus – und kann ich an denen arbeiten oder sie sogar ändern? Zu welchen Beziehungen bin ich fähig und welche gehen mir völlig ab?" Aber selbst diese Erforschung hilft wenig, wenn ich nicht zumindest im Ansatz immer wieder versuche, manche der Einsichten in die aktuelle Tat umzusetzen. Erst die Praxis wird erweisen, ob ich etwas klug erkannt und entsprechend gehandelt habe. Sicherlich, beim Ausprobieren kann man gehörig auf die Nase fallen, aber durchaus auch beglückende Überraschungen erleben. Manches ist in unserem Leben gescheitert; vieles aber auch großartig gelungen. Eine besonders geistreiche, weil realistische Form der Selbsterkenntnis hat der Theologe Friedrich Christoph Oetinger in diesem Zusammenhang als Gebet formuliert: „Gott, gib mir die Gelassenheit, Dinge hinzunehmen, die ich nicht ändern kann, den Mut, Dinge zu ändern, die ich ändern kann, und die Weisheit, das eine vom andern zu unterscheiden."

Wahrscheinlich verbindet man beim ersten Hören des Wortes „Weisheit" auch Assoziationen, die mehr in Richtung „Klugheit" weisen. Dazu gehört sicherlich ein bestimmtes Grundwissen, Bildung, ein gesunder Menschenverstand und soziale Kompetenz. Aber schon der Philosoph Sokrates sah sich in diesem Kontext außerstande, alle möglichen Erkenntnisse der Welt vollständig speichern zu können. Er begnügte sich am Ende lieber mit der weisen Erkenntnis: „Ich weiß, dass ich nichts weiß." Die Bibel gibt dieser bescheidenen und damit klugen Selbsteinschätzung noch einen weiteren Rahmen: „Die Furcht des Herrn ist der Weisheit Anfang", heißt es etwa im 111. Psalm, „klug sind alle, die danach tun." Also: Sämtliche Lebenserkenntnisse und -entscheidungen werden einer Weisheit untergeordnet, die Gott gegenüber Ehrfurcht, Liebe, Demut und Vertrauen zeigt. Wer sich am Schöpfer orientiert, ihn befragt und um Rat bittet, der wird dann als Geschöpf schon die rechten und weisen Hinweise zur Bewältigung der Lebensherausforderungen finden. Eine dieser wichtigen Einsichten findet sich im übrigen in der Bejahung der begrenzten Zeit: „Herr, lehre uns bedenken, das wir sterben müssen, auf dass wir klug werden." (Psalm 90,12). Wer nämlich so um die Begrenztheit des eigenen Lebens Bescheid weiß, der verspielt seine Zeit nicht, sondern setzt seine Möglichkeiten gezielt ein.

Auch der Apostel Paulus, klug wie er war, benennt doch sehr wohl auch die Grenzen von Wissen und Verstand. So schreibt er im sogenannten Hohenlied der Liebe: „Wenn ich alle Geheimnisse wüsste und alle Erkenntnis hätte, und hätte die Liebe nicht, so wäre ich nichts." (1. Kor 13.2) Denn was nützt in der Tat alle Klugheit der Weisen dieser Welt, wenn sie zu Gewalt und Terror und nicht zum liebevollen Teilen eingesetzt wird? Besonders eindrücklich beschreibt übrigens Paulus ebenfalls im 1. Korintherbrief, das die ja immer begrenzte und sehr oft eben auch selbstbezogene Weisheit der Welt die Liebe Gottes am Kreuz gerade nicht verstanden hat, sondern die scheinbar „Kleinen und Dummen" ihn verstehen: „Seht doch, liebe Geschwister, auf eure Berufung. Nicht viele Weise nach dem Fleisch, nicht viele Mächtige, nicht viele Angesehene sind berufen. Sondern was töricht ist vor der Welt, das hat Gott erwählt, damit er die Weisen zuschanden mache." (1. Kor 1,26f). Gott selber stellt in Christus unsere Weisheits-Werte-Skala auf den Kopf: „Denn die Torheit Gottes ist weiser, als die Menschen sind." (1. Kor 1.25).

Dies aber begreifen zu können, erfordert wirklich ein lebenslanges Unterwegssein, hin zum Verständnis der besonderen Liebesklugheit Gottes für uns. Ob wir diese jemals ganz verstehen werden? Doch, schreibt Paulus, einmal wird uns in der himmlischen Welt nur noch Weisheit umgeben: „Als ich ein Kind war, da redete ich wie ein Kind und dachte wie ein Kind und war klug wie ein Kind; als ich aber ein Mann wurde, tat ich ab, was kindlich war. Wir sehen jetzt durch einen Spiegel ein dunkles Bild; dann aber von Angesicht zu Angesicht. Jetzt erkenne ich stückweise; dann aber werde ich erkennen, wie ich erkannt bin." (1. Kor 13,12).

„Besonnenheit“

LIED EG 489,1 (Ausgabe für die Ev. Kirche im Rheinland etc.), Gehe ein in deinen Frieden
GEBET EG 916, S.1422
LIED EG 489, 2

ANDACHT

Hatten wir uns im vergangenen Jahr mit den sogenannten „Sieben Todsünden“ beschäftigt, deren eine der „Zorn“ war – also das unbedachte Ausleben der eigenen Wut –, so steht diesem heute als eine der Kardinaltugenden die „Sophrosyne“, die „Besonnenheit“ gegenüber.

Eine Nacht über einen großen Ärger verstreichen lassen: Diesen Rat haben uns als Jugendliche schon unsere Eltern mitgegeben. Wer immer gleich und sofort auf vermeintliches Unrecht reagieren will, setzt sich dabei oft genug selbst ins Unrecht. Schwierige Lebensherausforderungen sind nun mal nur äußerst selten mit der Faust auf dem Tisch zu lösen. Sie brauchen viel mehr ein sorgfältiges Abwägen aller nur denkbaren Möglichkeiten. Diese Konzentration macht nachdenklich, ruhig und – eben besonnen. Sie beinhaltet nämlich auch, die eigenen Gefühle relativieren zu können, also Zorn und Ärger im Zaum zu alten. Sie bringt weiterhin Zeit und Chance mit sich, zu überlegen, ob man nicht selber ins manch Ungutes verstrickt ist, ja vielleicht sogar Mitauslöser der Auseinandersetzung war. In einem bekannten Bibelvers aus dem 2. Timotheusbrief (1,7) heißt es deshalb auch: „Gott hat uns nicht gegeben den Geist der Furcht, sondern der Kraft und der Liebe und der Besonnenheit.“ Besonnene Menschen, die nicht gleich wütend zurückschlagen, sind also längst keine Schwächlinge. Sie sind selbstbewusst, kraftvoll und furchtlos genug, eine Herausforderung nüchtern zu analysieren, um eben so am Ende mit Liebe, d.h. mit einem Verständnis für die Gesamtumstände reagieren zu können.

In der Bibel gibt es ein ganzes Buch, das sich speziell mit solch vernünftigen menschlichen Verhaltensweisen beschäftigt. Das ist das Buch der „Sprüche Salomos“. Fast die Hälfte aller biblischen Sätze zum Thema „Besonnenheit“ stehen hier aufgezeichnet. Zu Beginn der Aufzeichnungen wird festgehalten, zu welchem Ziel man die vielen Sprichwörter und Redensarten überhaupt gesammelt und neu zusammengestellt hat: „Dass die Unverständigen klug werden und die Jünglinge vernünftig und besonnen.“ (Spr. 1,4) Auch wir haben einen Schatz an Lebensregeln und -weisheiten von unseren Eltern und Großeltern geerbt, die uns in wichtigen Entscheidungssituationen beraten wollen. Einige sind so alt wie die Bibel: „Geh hin zur Ameise, du Fauler, sieh an ihr Tun und lerne von ihr“ (Spr. 6,6) ist eine von ihnen. Oder auch die überaus kluge Empfehlung, Feinden mit Freundlichkeit zu begegnen: „Hungert dein Feind, so speise ihn mit Brot, dürstet ihn, so tränke ihn mit Wasser, denn damit wirst du feurige Kohlen auf sein Haupt sammeln, und der Herr wird's dir vergelten.“ (Spr. 25,22) Eben diese Besonnenheit war es, die in späteren Zeiten Menschen wie Mahatma Gandhi oder Martin Luther King in konkrete Auseinandersetzungen mit ihren Feinden einbrachten.

Sagen wir nicht auch heute manchmal bewundernd: Dieser Politiker hat wirklich besonnen reagiert? Auch: Sie hat sich noch einmal besonnen – was ja wörtlich heißt: ihre Sinne beisammen gehalten –, wohlüberlegt reagiert? „Ein Jähzorniger handelt töricht, aber der besonnene Mann bleibt ruhig“ (Spr. 14,17) beschreibt diese Grundhaltung wiederum das Sprüchebuch. Ich weiß wohl, dass dies nicht immer einfach umzusetzen ist. Manchmal ist man nämlich so verletzt, das man einfach losschreien muss. Oder vielleicht doch nicht: Es hilft in solchen Momenten, sich innerlich zu entspannen, von mir aus auch nur bis 20 zu zählen. Damit verhindert man nämlich, zusätzliches Öl ins Feuer zu gießen, indem man sich gerade nicht auf die Ebene herunterziehen lässt, die man doch selber kritisiert.

Schließlich, sogar die Folgen, die die Rettung Gottes für die ganze Welt hat, werden in der Heiligen Schrift dahingehend interpretiert: „Denn dazu ist erschienen die Gnade Gottes, die allen Menschen zum Heil verhilft, indem sie uns erzieht, dass wir die Gottlosigkeit und die weltlichen Versuchungen lassen und stattdessen besonnen, gerecht und fromm leben in dieser Welt; und dabei auf die selige Hoffnung warten und auf die Erscheinung der Herrlichkeit unseres großen Gottes und Heilandes Christus Jesus, der sich für uns dahingegeben hat, um uns von allem gesetzwidrigen Wesen zu erlösen und für sich selbst ein Volk zum Eigentum zu reinigen, das eifrig wäre in guten Werken.“ (Tit 2,11–14) Und eines dieser guten Werke bleibt eben auch für uns – die Besonnenheit!

„Gerechtigkeit“

LIED	EG 665,1+2 (Ausgabe für die Ev. Kirche im Rheinland etc.), Liebe ist nicht nur ein Wort
GEBET	EG 920, S.1424
LIED	EG 675,3+4

ANDACHT

Liebe Mitfastende!
Heute sind wir bei der dritten der sogenannten „Kardinaltugenden“ angelangt. Nach „Weisheit“ und Besonnenheit“ handelt es sich heute um „Gerechtigkeit“. Schon sehen wir sie vor uns: Die Gestalt der römischen „Justitia“, die Augen unvoreingenommen, unparteiisch verbunden, damit ja kein Konkurrent von ihr bevorzugt wird. Eine Waage hält sie in der rechten Hand, die – nach Abwägen aller Realitäten und Fakten – fast wie von selbst dorthin ausschlägt, wo das Recht zurecht, also zu seinem Recht kommt. „Suum Cuique“ lautete einer der Grundsätze der großen Rechtsgelehrten im Römischen reich: „Jedem das Seine!“ Und das meinte: Jeder und jede sollten genau das erhalten, was ihnen zusteht, was zu ihnen gehört, was sie zum Leben brauchen. Aber dieser scheinbar so nüchterne, einleuchtende Satz beinhaltete schon im römischen Reich seine Tücken. Wer definierte eigentlich, was jedem und jeder zustehen sollte? Die Philosophie? Die Religion? Ein bestimmtes Rechtsempfinden? Der gesunde Menschenverstand? Und ging nicht gerade der Letztere wie selbstverständlich davon aus, das einem freien römischen Bürger natürlich ganz andere Freiheiten zustanden als dem auf den unteren Rängen völlig akzeptierten Sklavenstand? Besonders verheerend wurde der Einsatz von „Jedem das Seine“ durch die Nationalsozialisten, die ihre Verbrechen in den Konzentrationslagern zynisch damit kaschierten, ihn über das Eingangstor zur Vernichtung zu setzen. Die Häftlinge hatten eben nur ihren Teil wegbekommen, den sie verdienten. „Herrenmenschen“ allein durften bestimmen, was jedem zuzustehen hatte: Goldene Auszeichnungen oder grausame Folter.

„Das ist nicht gerecht“, klagen schon kleine Kinder, wenn sie instinktiv spüren: In dieser oder jener Hinsicht bevorzugt Mutti das Brüderchen. Offensichtlich tragen wir alle auch so etwas wie ein eingeborenes Rechtsempfinden in uns. Es geht eben nicht an, dass einer allein die ganze Schüssel leeren darf, während andere noch nichts auf ihrem Teller haben. Deshalb bemühen sich Eltern um einen guten Ausgleich zwischen ihren Kindern. LehrerInnen setzen sich für eine gerechte Benotung ein. Tarifpartner ringen um gerechte Arbeitsverhältnisse und entsprechende Entlohnung. Und unsere Regierung setzt sich für die Sicherheit von uns Bürgern ein, und zwar für alle zusammen.

„Gerechtigkeit erhöht ein Volk“ (Spr 14,34) heißt es in dem uns inzwischen nicht ganz unbekannten Buch der Sprüche Salomos, „aber die Sünde ist der Leute Verderben.“ „S'edaka“, wie das hebräische Wort für „Gerechtigkeit“ lautet, beinhaltet aber noch viel mehr als nur ein halbwegs gerechtes Verteilen der Lebensmöglichkeiten für alle. „Gerechtigkeit“ in der Bibel, das ist ein umfassendes Lebenssystem, das alles enthält, was wir zur Erfüllung brauchen, was also unser Leben im Ganzen wertvoll, kostbar und gelungen macht. Dabei handelt es sich nicht nur um die materielle Versorgung – so wichtig sie auch ist. Viel mehr umfasst sie auch das Eingebundensein in ein menschliches Gemeinwesen, ja vor allem auch um eine erfüllte und gelingende Gottesbeziehung. „Gerechtigkeit und Friede küssen sich“ heißt es deshalb nicht ohne Grund im 85. Psalm (V. 11): Gerechte Verhältnisse kann es nur geben, wenn Menschen sich wirklich im Frieden wähnen – mit sich, mit ihrer Umgebung und ihren Mitmenschen, nicht zuletzt eben mit Gott.

„Gerechtigkeit“, das war aber nun vor allem der Begriff, mit dem Paulus und später in seinem Gefolge auch Martin Luther im Blick auf ihr Gottesverständnis gerungen habe. Zunächst empfanden beide, dass sie es trotz größter Anstrengungen niemals allein schaffen würden, gerecht und vollkommen vor ihrem Schöpfer zu erscheinen. Ihnen wurde nur allzu deutlich, wie viel an gerechtem Handeln von ihrer Seite her fehlte, um als „gerechtfertigt vor ihrem Gott“ dazustehen. Dann aber ging beiden ein Lebenslicht auf, das Paulus beim Propheten Habakuk und Luther bei der von diesem zitierten Stelle im Römerbrief fand: „Der Gerechte wird aus Glauben leben.“ (Röm 1,17). Sie erkannten: Nicht der Mensch muss die Last der Erfüllung eines „gerechten“ Leben alleine tragen, sondern Gott selber sorgte, versorgte ihn stattdessen gnädig und grundlos mit der erstrebten „Gerechtigkeit“. Gott tat dies, indem er auf unbegreifliche Weise durch Jesus Christus dieses Recht, die Annahme von uns menschlichen Sündern, an einem Kreuz aufrichtete. In ihm allein wurde deutlich, wie ein wirklich Gerechter aussah, der andere heilte, ihnen Gutes zusprach und auf sein Lebensrecht für sie verzichtete. „Die Sünder", so beschreibt Paulus dieses Wunder, „werden ohne eigenes Verdienst gerecht aus Gottes Gnade durch die Erlösung, die durch Jesus Christus geschehen ist." (Röm 3,24). Für Luther war diese Freisprechung – mit seinen eigenen Worten – „der Eingang ins Paradies".

Menschen aber, die so von ihrer eigenen Selbst-Rechtfertigung befreit sind, werden nun in die Lage versetzt, die Gerechtigkeit in ihrem Leben und weltweit umzusetzen und zu vergrößern. Weil es heißt: „Gott, deine Gerechtigkeit reicht bis zum Himmel" (Psalm 71,19), werden Menschen befähigt, gerechtere Verhältnisse zwischen Himmel und Erde mitzugestalten: „Die Frucht der Gerechtigkeit aber wird gesät in Frieden für die, die Frieden stiften" (Jak 3,18), wird diese Konsequenz im Jakobusbrief umschreiben.

So hat sich der Begriff der „Gerechtigkeit" entwickelt – von einem „ungerechten" System der Einteilung von Menschen in Kategorien hin zu einem weltweiten Aufatmen in Freiheit für alle, das nur deshalb real ist und funktionieren kann, weil die „Gerechtigkeit Gottes" immer größer ist als unser begrenztes Rechtsdenken und er will, dass alle seine Geschöpfe mit gleichem Leben und Segen überschüttet werden. Wer versucht, ihm darin nachzufolgen, der lebt tatsächlich richtig und gerecht.

„Tapferkeit"

LIED	663,1+2 (Ausgabe für die Ev. Kirche im Rheinland), Herr, deine Liebe ist wie Gras und Ufer
GEBET	EG 922, S.1425
LIED	EG 663,3+4

ANDACHT

Liebe Mitfastende!
Am vorletzten Abend unserer diesjährigen Fastenwoche beschäftigen wir uns mit der letzten der vier „Kardinaltugenden". Nach „Weisheit, Besonnenheit und Gerechtigkeit" geht es heute um die „Tapferkeit". Der griechische Philosoph Plato verband verständlicherweise damit zunächst eine politische Aufgabe. In seinem Modell des idealen Staates wurde mit „Tapferkeit" die Tugend der soge-

nannten Wächter beschrieben, die den Staat gegen innere und äußere Feinde zu verteidigen und zu beschützen hatten.

Sein Schüler Aristoteles öffnete den Begriff der „Tapferkeit" dann auch für das Leben außerhalb des militärischen Kampfes. „tapfer", so meinte er, könne man ebenso gut bei Krankheiten, in Schicksalsschlägen oder in Armut sein. Wir sagen heute noch, das jemand sein Leiden tapfer getragen hat. Wer sich so verhalte, bei dem würde eine „Beharrlichkeit der Seele" vorliegen, meinten die griechischen Philosophen.

Neulich meinte Frau einmal wieder: Warum schreibst Du eigentlich nicht einmal eine Andacht über die vielen tapferen kleinen Taten der vielen kleinen tapferen Leute – auch um Dich herum? Und natürlich hat sie recht. Jedem und jeder fällt es relativ leicht, sein Leben in geordneten Bahnen zu halten, wenn die äußeren Faktoren alle mehr oder minder stimmen. Die Familie ist intakt. Das Gehalt gediegen. Die Gesundheit normal. Da brauchte es eigentlich kaum „Tapferkeit", den normalen Alltag zu bewältigen. Was aber, wenn man plötzlich einen pflegebedürftigen Mann über Jahre hin allein im Haus zu versorgen hat? Was, wenn die Beschäftigung verloren geht – und man für die Kinder dennoch einen bestimmten Lebensstandard halten will? Was, wenn man über längere Zeit hin Schmerzen, Sorgen, Kummer, Depressionen zu bewältigen hat? Dann, gerade und vor allem dann wird vielen Menschen ein Maß an „Tapferkeit" abverlangt, das oft genug über die vorhandenen Kräfte hinausgeht. Tapfer, das sind in der Tat oft die namenlosen und unsichtbaren Menschen, die ihren schweren Alltag mit viel Ideen, Witz, Phantasie, Kraft und Mut zusammenhalten. Wenn Sie solche Leute einmal im Film sehen wollen, dann besuchen Sie doch einfach mal wieder das Kino. In dem Streifen „Sommer vorm Balkon" werden Sie zwei jungen Frauen begegnen, die tapfer den Misslichkeiten des Alltags begegnen und trotz aller eigenen Schwächen, versuchen ihr Gesicht zu wahren. Die eine von ihnen pflegt trotz eigenem großen Kummer rührend alte Menschen, die andere gibt nicht auf, überhaupt eine sinnvolle Beschäftigung zu finden. Tapferkeit pur!

„Tapferkeit" – das übersetzen wir heute auch mit dem Wort „Zivilcourage". In einer Situation, in der eigentlich alles gegen einen spricht und steht, dennoch am eigenen Standpunkt festzuhalten, das erfordert außergewöhnlichen Mut. Das tun übrigens in der Bibel überwiegend Frauen – auch in der Begegnung mit Jesus.

Eine kranke Frau nähert sich ihm z.B. von hinten – inmitten einer Männergesellschaft! – und wagt es, ihn anzurühren. „Sei getrost, meine Tochter, dein Glaube hat dir geholfen“ (Matth. 9,22). Er hätte auch sagen können: „Meine Güte, was bist du tapfer gewesen!“ Das Gleiche sagt er übrigens zu einer Ausländerin aus Kanaan, die nicht davor zurückscheut, sich mit einem Hündlein unter dem Tisch der Reichen zu vergleichen, dem also auch zumindest ein Brotkrümlein zusteht. (Matth. 15,28) Mit dieser tapfer-schlagfertigen Reaktion rettet sie das Leben ihrer Tochter. Jesus lässt es sogar zu, bei einer Abendgesellschaft sich liebevoll von einer Frau mit Salböl verwöhnen zu lassen. Wie mutig von ihre. Und auch hier: „Dein Glaube, deine Tapferkeit hat dir geholfen; geh hin in Frieden.“ (Lukas 7,50). Oft meinen ja die Männer, sie seien die eigentlich Tapferen der Weltgeschichte. Ich finde, die Erzählungen couragierter Frauen um Jesus lehren uns da eines Besseren.

„Tapfere Menschen“, so ein moderner Theologe, „hätten ein hohes Maß an Verantwortungsgefühl, eine extreme Neugier und vor allem Empathie gegenüber anderen, sowie ein ausgeprägtes Gerechtigkeitsempfinden. Zur Tapferkeit gehöre aber auch, sich selbst und die eigenen Kräfte richtig einzuschätzen und dennoch gezielt Risiken einzugehen. Solche Menschen brauchen wir, übrigens auch in unserer Kirche, die offen ansprechen, was notwendig ist, und dann auch selber zusammen mit anderen den Weg gehen, den sie im Sinne von „Wahrheit, Besonnenheit und Gerechtigkeit“ für das Wohl eines Gemeinwesens für richtig halten.

Die Sekundärtugenden

Lied	EG 504,1–3 (Ausgabe für die Ev. Kirche im Rheinland etc.) Himmel, Erde, Luft und Meer zeugen von des Schöpfers Ehr
Gebet	EG 916, S.1422
Lied	EG 504, 4–6

Andacht

Liebe Mitfastende!
So ist es nun einmal: Kardinaltugenden gibt es nur vier an der Zahl. Aber da wir uns ja während der Fastenwoche fünf Mal tref-

fen, braucht es noch ein letztes Thema zum Abschluss. Und was würde sich nach den großen Zielen „Weisheit, Besonnenheit, Gerechtigkeit und Tapferkeit" besser eigenen als die sogenannten „Sekundärtugenden"?

Den Älteren unter uns sind sie noch ganz selbstverständliche Verhaltensweisen, die zum Teil sogar noch auf den Zeugnissen dokumentiert wurden: Fleiß und Treue, Gehorsam und Disziplin, Pflichtbewusstsein und Pünktlichkeit, Zuverlässigkeit und Ordnungsliebe, Höflichkeit und Sauberkeit und manches mehr von dem, was wir wahrscheinlich alle in der einen oder anderen Art versucht haben, unseren Kindern beizubringen. Denn all diese Charaktereigenschaften sind in der Tat lebensnotwendig. Wie soll die komplizierte Übertragung der Kardinaltugenden in die Gesellschaft hinein gelingen, wenn es da nicht Menschen gäbe, die zuverlässig, fleißig und pflichtbewusst die erkannten Standards auch umsetzen würden?

All das, was wir heute als bürgerliche oder preußische Tugenden bezeichnen, hatte in der Aufklärungszeit durchaus emanzipatorischen Charakter. Das erwachende Bürgertum wollte sich ganz bewusst vom „sittenlosen Adel", seiner Zeit- und Ressourcenverschwendung abgrenzen. Man hatte erkannt: Wer seine Tage zu strukturieren weiß, wer durch Sauberkeit Krankheiten vermeidet, wer vom Vorgesetzten als zuverlässig eingeschätzt wird, der bewältigt nicht nur die Alltagsaufgaben leichter; nein, der hat auch gute Chancen, sich beruflich zu entwickeln und Karriere zu machen.

Erfahren wir nicht selber in diesen Tagen, dass Disziplin notwendig ist, um eine Woche lang auf feste Nahrung zu verzichten? Und befriedigt nicht am Ende eines Tages ein gut strukturiertes Zeit-Schema viel mehr, als ein Vertrödeln kostbarer Lebenszeit? Durch Höflichkeit gewinnen wir Kontakt zu anderen. Durch Fleiß und Pflichtbewusstsein erreichen wir Höchstleistungen.

Aber genau hier liegt der springende Punkt, der vor allem in den Nach-68-er Zeit die „Sekundärtugenden" in die Kritik brachte. Durch die Aufarbeitung vor allem des Nationalsozialismus wurde schlagartig deutlich: Die „Sekundärtugenden" an sich haben keinen eindeutigen Wert. Gerade Pünktlichkeit, Disziplin und Gehorsam sorgten in einem totalitären Staat mit dafür, dass ein Verbrechersystem konsequent am Leben erhalten wurde. Drastisch kritisierte Carl Amery das „kleinbürgerliche Tugendsystem": „Ich kann pünktlich im Gestapokeller erscheinen. Ich kann in Schriftsachen

‚Judenendlösung' penibel sein. Ich kann mir die Hände nach einem KZ-Alltag säuberlich waschen." Deutlich wurde: Nur, wer sich in den „Sekundärtugenden" an den „Kardinaltugenden" orientiert, setzt seinen Fleiß und Ordnung zum wirklichen Wohl der Menschen, zum Frieden, zur Versöhnung ein.

Es würde hier zu weit führen, die langen Debatten über die „antiautoritäre Erziehung" (A.S. Neill) zu referieren. Auch deren Hochphase liegt inzwischen zurück, weil erkannt wurde: Ohne Strukturen verkommen auch die idealistischsten Ziele: Primär- und Sekundärtugenden gehören eben zusammen: Gerechtigkeit z.B. ohne Taktgefühl und Ordnung verkommt zu unmenschlicher Rigidität.

Und die Bibel? Nun, sie weiß einerseits sehr wohl, dass die grundlegenden Güter des Menschen himmlisch verortet sind: „Die Frucht aber des Geistes ist Liebe, Freude, Friede, Geduld, Freundlichkeit, Güte, Treue, Sanftmut und Keuschheit." (Gal 5,22) Es bleibt ein Geschenk von „Oben", wenn sich die lebenserhaltenden Werte – egal ob primär oder sekundär – so menschenfreundlich miteinander verzahnen. Andererseits kämpft z.B. gerade der Apostel Paulus vehement dafür, dass diese Geistesgaben nicht unsortiert durch die Gemeinde schweben. Fähigkeiten und Werte sollen stattdessen so aufeinander bezogen werden, dass alle Beteiligten zu ihrem Recht als einmalige Geschöpfe Gottes kommen: „Lasst alles geschehen zur Erbauung. Denn Gott ist nicht ein Gott der Unordnung, sondern des Friedens." (1. Kor 14,26+33)

Auch eine Fastenwoche muss natürlich geplant werden, das Gemüse eingekauft, die Referenten eingeladen werden. Dass sie dann aber auch gelingt und zu unseren christlichen Haupttugenden „Glaube, Hoffnung und Liebe" (1. Kor 13,13) beiträgt, das liegt dann einzig und allein an der Liebe Gottes, die für mich immer noch „die größte" unter allen Tugenden der Welt ist. Dennoch bleibt die Erkenntnis des Dichters Jochen Klepper von hohem Wert: „Alle Gliederung und Ordnung ist die einzige Befreiung, die das Leben uns zu gewähren scheint, und in allem ist die Rettung in eine Ordnung die einzige Möglichkeit, das Leben zu ertragen." (Tagebucheintrag vom 5.Juni 1935). Bleiben auch Sie in diesem Sinne „gut sortiert" – bis ins nächste Jahr!

Wenn Sie weiterlesen möchten …

Karin Ulrich-Eschemann

Gutes predigen nach dem Vorbild Jesu

Gottesdienste zu Lebensthemen

Menschen kommen in den Gottesdienst, um zu hören, was gut ist und was böse und wie sie selbst gut leben können. Es gilt, einladend und werbend zu predigend, so dass deutlich wird: Es geht nicht um Fesseln, sondern um die Freiheit, die Liebe, die Gott in Jesus schenkt, weitergeben zu dürfen.

Jesus hatte eine besondere Art zu predigen: erzählend, fragend, einbeziehend. Jesus stand mitten im Leben, er kannte die kleinen Sorgen der Menschen ebenso wie ihre großen Fragen. Die Antwort, die er ihnen anbot, war Gottes Vaterliebe. Dass sie sich von dieser Liebe anstecken lassen sollten und konnten, das war seine Ethik. Karin Ulrich-Eschemann ist davon überzeugt, dass Jesu Art, Ethik zu predigen der Königsweg ist. Mit den Andachten und Gottesdienstvorschlägen dieses Bandes folgt sie ihm.

Klaus Grünwaldt /
Matthias Günther (Hg.)

Für die, die sonst nicht kommen

10 Mitmachgottesdienste

Ein neues Thema der Gemeindearbeit – Gottesdienste für die, die man im herkömmlichen Gottesdienst eher vermisst: das mittlere Alter zwischen Konfi und Senior.

Die besonderen Gottesdienste dieses Bandes locken vor allem Jugendliche und ihre Familien, und zwar mit neuen Liedern, mit vielen Mitmachmöglichkeiten und Aktionen sowie einem konsequent lebensweltlichen Ansatz.

Zur Umsetzung bedarf es eines größeren Teams von Ehren- und Hauptamtlichen, einer effektiven Öffentlichkeitsarbeit und eines Pools kreativer Ideen. Das alles wird machbar durch gute Vorlagen bis hin zu ausformulierten Anspielen und Ansprachen.

Hans-Gerrit Auel /
Hans-Helmar Auel /
Amélie Gräfin zu Dohna

An Gott kommt keiner vorbei

Gottesdienste zu besonderen Gelegenheiten

An Gott kommt keiner vorbei, außer Stan Libuda.

Gottesdienste zu besonderen Gelegenheiten führen uns in unterschiedliche Milieus, die sich neu entdecken lassen. Amelie Gräfin zu Dohna, Hans-Helmar Auel und Hans-Gerit Auel präsentieren 16 Gottesdienste zu besonderen Gelegenheiten. Wenn die neue Glocke eingeweiht wird oder die Kirche ihren Namen bekommt, wenn neue Mitarbeiter der Gemeinde, die Orgel oder der Organist ihren Dienst aufnehmen, wenn ein Haus zu segnen ist, ein Gottesdienst an Fasching oder am Karsamstag gefeiert wird, finden sich hier zahlreiche Ideen, um einen eigenen Gottesdienst zu entwerfen.

Siegfried Meier

Krippenspiele im Gottesdienst

Steuern, Stern und Stall

»Siehe, ich verkündige euch große Freude« – darum geht es in der Weihnachtsgeschichte und in diesen Weihnachts- oder Krippenspielen. Grundlage sind die biblischen Texte, die entweder unkommentiert für sich stehen, zuweilen behutsam angereichert oder sogar verfremdet werden. Aber in allem steht die Botschaft vom Mensch gewordenen Gottessohn im Vordergrund.

Manche Krippenspiele gehen behutsam den Fragen der Überlieferung nach und legen den Schwerpunkt sowohl auf die Fassung des Matthäus wie des Lukas, andere stoßen sich am Verhalten konsumorientierter und kostümierter Europäer in der Weihnachtszeit. Meier greift in manchen Krippenspielen die Möglichkeit anderer Medien auf oder geht bis zum Spiel für Erwachsene »in Echtzeit«, wie etwa im Gottesdienst »Überraschung in Camp David«. Die Krippenspiele werden in ihrem gottesdienstlichen Rahmen wiedergegeben, einschließlich Predigten, Gebeten und Liedvorschlägen. Dabei lassen sie genügend Raum, den Verhältnissen vor Ort angepasst zu werden.